AF274996

Atención sociosanitaria a personas dependientes en instituciones sociales

Guía para el docente y solucionarios

Editado por: IC Editorial
c/ Cueva de Viera, 2, Local 3
Centro Negocios CADI
29200 Antequera (Málaga)
Teléfono: 952 70 60 04
Fax: 952 84 55 03
Correo electrónico: iceditorial@iceditorial.com
Internet: www.iceditorial.com

Guía para el docente y solucionarios:
Atención sociosanitaria a personas dependientes
en instituciones sociales

1ª Edición

© IC Editorial, 2024

ISBN: 978-84-1184-313-3
Depósito Legal: MA 1827-2024

Impresión: PODiPrint
Impreso en Andalucía - España

Nota de la editorial: IC Editorial pertenece a Innovación y Cualificación S. L.

Índice

Guía para el docente: técnicas de enseñanza y aprendizaje

Contenido

1. Introducción

El presente capítulo está destinado a ofrecer al cuerpo docente responsable de la enseñanza del programa de cualificaciones profesionales y certificados de profesionalidad, una guía metodológica para obtener el máximo rendimiento de los contenidos formativos que han sido desarrollados para el presente título.

La mejora de las habilidades comunicativas y la aplicación de una metodología contrastada de enseñanza, aprendizaje y evaluación permitirá transmitir el conocimiento y adquirir el programa formativo de la forma más efectiva y práctica posible.

Estudiaremos cuáles son los principales elementos que forman parte de la comunicación profesor-alumno, a través de una cuidada selección de sistemas de planificación de estrategias didácticas, así como la utilización de medios y recursos didácticos.

La integración de todas las actividades planificadas alrededor de un plan de formación adaptado e individualizado, aumentará además la satisfacción del alumnado por la utilización de un sistema no lineal e interactivo que se retroalimenta gracias a la relación establecida entre la propia metodología y los actores que forman parte de la enseñanza.

2. El programa de formación

Una de las claves del éxito de la mayoría de las actividades que se realizan en general, y concretamente en la formación, es la **programación.** Es necesaria la programación de las acciones formativas, para que así se pueda alcanzar el objetivo final, es decir, que el alumno obtenga una buena capacitación y adquiera nuevos conocimientos en su repertorio y que, después, sea capaz de emplearlos en su trabajo.

2.1. Definición de programación

Cuando se habla de **programación,** se pueden encontrar multitud de definiciones. Para sintetizar, se podría definir como la actividad de enunciar lo que se quiere hacer (objetivos, contenidos, métodos, temporalización, medios y recursos didácticos y evaluación).

 **DEFINICIÓN**

Programación

Es un plan donde se establecen las acciones que se van a realizar en un proceso de enseñanza-aprendizaje, por medio de un formador o un equipo.

A continuación, se va a describir una serie de características que tiene que tener una programación didáctica:

- ➲ Dinámica. Una programación no es estática ni está acabada, siempre está en constante revisión, de ahí su dinamismo. Además va cambiando o evolucionando según los resultados de la evaluación continua que se va realizando durante la ejecución de la acción.
- ➲ Flexible. Esta característica permite que se puedan hacer cambios, ampliaciones, reducciones y actualizaciones de los contenidos y actividades programadas, según las necesidades que se observen.
- ➲ Creativa. La programación como es un diseño propio y exclusivo, exige creatividad y originalidad. El docente es el que decide sobre el quehacer en el aula teniendo en cuenta las características del grupo, las necesidades que se pretenden satisfacer y las propias posibilidades.
- ➲ Prospectiva. La programación consiste en hacer un pronóstico de la interacción que se va a producir en el aula.

⮞ Sistemática. La programación es un proceso sistematizador que da coherencia a la acción formativa, ya que tiene en cuenta todos los elementos (objetivos, contenidos, métodos, temporalización, medios y recursos pedagógicos y evaluación) que intervienen en el acto educativo y analiza sus relaciones.

⮞ Integradora. Permite integrar elementos de cualificación técnico-profesionales con elementos de cualificación personal de alumnado.

⮞ Funcional. Toda programación debe basarse en el perfil profesional de la ocupación y estructurar los contenidos formativos que proporcionan las competencias de ésta.

2.2. Elementos de la programación

Antes de empezar cualquier programación formativa, es necesario tener en cuenta los datos obtenidos del análisis de la ocupación y del grupo al que se dirige la acción formativa. A partir de esta información, se determinan los elementos que van a conformar la programación.

Cuando se realiza la programación de un curso, hay que plantearse previamente las siguientes preguntas:

1. ¿Qué quiero conseguir con la formación?	**OBJETIVOS**
2. ¿Qué conocimientos deben asimilar los alumnos para alcanzar los objetivos propuestos?	**CONTENIDOS DEL CURSO**
3. ¿Cómo trabajamos en el aula? ¿Qué actividades son las que realizamos?	**MÉTODOS DE ENSEÑANZA**
4. ¿Cuánto tiempo tengo y cuánto dedico a cada módulo?	**TEMPORALIZACIÓN**
5. ¿Qué medios y recursos didácticos se necesitan para poder llevar a cabo esas actividades?	**MEDIOS Y RECURSOS DIDÁCTICOS**
6. ¿Cómo sabemos que se ha producido el aprendizaje?	**EVALUACIÓN**

3. Factores determinantes de la efectividad de la comunicación en el proceso de enseñanza-aprendizaje

En toda comunicación que se produzca en el proceso de enseñanza-aprendizaje, existen factores determinantes que obstaculizan o refuerzan este proceso.

3.1. Obstáculos de la comunicación

Relacionados con el emisor

- No expresar de forma clara qué mensaje se quiere transmitir.
- Comentar algo a lo largo de la explicación que no sea lo correcto y pueda resultar desagradable.
- Cambiar el tema de conversación.
- Desviarse del tema que se está tratando.
- No mirar al receptor cuando se quiere expresar algo.
- No estar atento a las señales que emite el receptor.
- Expresar alguna idea a través de los gestos que no se corresponda con la idea a comunicar.

Relacionados con el receptor

- No comprender las ideas que quiere expresar el emisor.
- No pedir explicación al emisor de aquella información que no le haya quedado clara.
- Interrumpir al emisor cuando está hablando.
- Captar algo diferente a lo que el emisor desea transmitir.

Relacionados con el mensaje

- Mensaje confuso.
- Mensaje muy corto.

- Mensaje muy extenso.
- Abuso de muletillas.
- Utilización de frases sin terminar.
- Dar "rodeos" para decir la idea principal.

Relacionados con el contexto

- No ser el momento adecuado para transmitir algo.
- No saber escoger el lugar oportuno.
- La presencia de ruidos y de interferencias.
- No pensar en las personas que están cerca.

Relacionados con el código

- No utilizar el mismo código que la persona con la que se habla o a la que se escucha.
- No adaptar el vocabulario a la situación o a la persona con la que se conversa.
- Utilizar el doble sentido.

3.2. Sugerencias para el mejor funcionamiento de la comunicación

Emisor

- Acostumbrarse a planificar la comunicación.
- Concretar visiblemente los objetivos.
- Buscar la retroalimentación en la comunicación.
- No tratar de impresionar al receptor.

Mensaje

- Que sea claramente entendido por el receptor.
- Que la terminología usada sea de referencia común.
- Que reclame la atención y el interés del alumnado.
- Que sea sencillo de interpretar.

⮩ Que su contenido sea adecuado y convincente.

⮩ Que produzca el máximo efecto posible.

Canal

⮩ Que sea el más apropiado al grupo al que se dirige, al contenido del mensaje y al objetivo que persigue el formador.

⮩ Que sea el que cause mayor impacto en el receptor.

⮩ Que sea el más eficaz.

⮩ Que sea el que mejor domine el formador.

4. La comunicación verbal y no verbal en el proceso instructivo

Los medios de comunicación pueden agruparse en dos grandes bloques: los **medios verbales,** que son aquellos que usan la lengua como código compartido; y los **medios no verbales,** que son los que se fundamentan en otros códigos simbólicos. A su vez, dentro de los medios verbales, están el medio escrito y el medio oral.

Cada uno de estos medios tiene sus ventajas y sus inconvenientes, por lo que la selección del medio deberá tener en cuenta las circunstancias y características que en cada caso presenta el comunicador, la audiencia y el mensaje que se ha de transmitir.

4.1. Los medios verbales

La comunicación verbal

La comunicación verbal se utiliza para comunicar ideas o dar información, opiniones, expresar o describir sentimientos, etc. Sirve de vehículo a los contenidos explícitos del mensaje. Para garantizar la efectividad de la comunicación, es necesario que el mensaje se presente de forma descriptiva y operativa, pero siempre teniendo muy en cuenta el código común del grupo al que va dirigida esta comunicación.

Un uso correcto del lenguaje oral ayuda a acercarse más a los alumnos. Los principales aspectos a considerar son los que aparecen a continuación.

Construcciones gramaticales

El objetivo será transmitir el mensaje de la manera más clara posible. Se deben evitar los giros rebuscados, la sintaxis complicada y las metáforas. En las explicaciones y conversaciones debe primar el contenido sobre la forma.

Vocabulario

Es importante saber qué palabras van a expresar mejor los conceptos que se desean transmitir y las que pueden ser comprendidas mejor por los alumnos. El análisis previo de los alumnos ayuda a saber qué términos técnicos se pueden utilizar sin problemas, cuáles se tienen que explicar y cuáles se deben evitar.

En general, siempre hay que mantenerse dentro de un lenguaje formal, evitando los vocablos demasiado coloquiales, las palabras extranjeras, las referencias académicas y expresiones de carácter religioso, político, deportivo o cultural, que pueden resultar agresivas para los alumnos.

Ejemplos

Los conceptos abstractos que pueden aparecer y que dificultan la adquisición de los contenidos, tienen que ser expresados mediante las explicaciones del formador, siempre apoyándose en la visualización.

La comunicación escrita

La comunicación escrita posee un carácter más veraz que la oral. La interacción que tiene lugar entre el emisor y el receptor no es inmediata, en algunas ocasiones no llega a producirse jamás. Este tipo de comunicación ofrece más oportunidades expresivas y mayor complejidad gramatical, sintáctica y léxica. También hay que tener en cuenta que a veces dificulta la expresión y/o puede no proporcionar *feedback* de manera inmediata.

4.2. Los medios no verbales

Al igual que las palabras, los elementos de la comunicación no verbal son signos que representan una idea (se excluyen todos los signos lingüísticos).

A diferencia de la comunicación verbal, su función no se centra sólo en la transmisión de contenido, sino que traspasa esa frontera para expresar también las emociones del emisor, controlar la interacción y proporcionar *feedback* del efecto que el mensaje produce en el receptor. Todas estas funciones son muy útiles para el formador, tanto en su tarea de transmisor de conocimientos como en la tarea de motivar y dirigir al grupo.

A continuación, se detallan las diferentes categorías en las que se agrupan los elementos de la comunicación no verbal.

Kinesia

Posturas

Una de las primeras cosas que el formador debe transmitir a sus alumnos es confianza y seguridad, lo que puede conseguirse a través de una postura erguida (sin llegar a ser arrogante), de pie, apoyándose sobre los dos pies y manteniendo la cabeza alta.

Esta postura es útil, especialmente durante la presentación del curso, porque ayuda a relajar el cuerpo, a facilitar la respiración y a controlar las muestras de nerviosismo, al tener un buen apoyo en el suelo.

A medida que avanza el curso, se pueden adoptar otras posturas que faciliten el descanso (apoyarse), el acercamiento (echar el cuerpo hacia delante) o que resten protagonismo (sentarse).

Gestos

Los gestos son un buen aliado del formador, excepto cuando éste se siente incómodo o nervioso. Gestos de carácter adaptador, como rascarse o colocarse la ropa, pueden delatar su estado emocional.

La mayoría de los gestos cumplen la función de reforzar el mensaje verbal (ilustradores), aunque existen otros cuya función es regular las intervenciones cuando se dirige una discusión de grupo.

Expresiones faciales

Las expresiones de la cara transmiten las emociones y permiten obtener fácilmente una respuesta del alumno.

Una expresión facial agradable, como una sonrisa no forzada, facilita la creación de un ambiente relajado en el aula. Una sonrisa puede ser muy útil también para romper la tensión que inevitablemente surge en algunas sesiones.

Mirada

La mirada, junto con la postura, es uno de los mejores métodos para transmitir confianza (en momentos de nerviosismo se tiende a apartar la vista) y para captar la atención de los alumnos.

Mientras el formador habla debe mantener la mirada sobre los alumnos la mayor parte del tiempo, mirándolos el tiempo suficiente como para que se sientan atendidos pero no incómodos. También se puede utilizar la mirada durante las discusiones de grupo, con una función reguladora de las distintas intervenciones.

Desplazamientos

Realizar desplazamientos en el aula capta la atención del alumnado, además de facilitar el contacto visual. Hay que procurar que no sean repetitivos o bruscos (pasear cerca de los alumnos), y cambiar de un recurso a otro (ir de la pizarra al retroproyector), etc.

 **RECUERDE**

Los recursos no verbales que estudia la Kinesia son:

- Posturas.
- Gestos.
- Expresiones faciales.
- Mirada.
- Desplazamientos.

Estos recursos pueden utilizarse tanto para reforzar lo que se expresa mediante la comunicación verbal como para sustituirlo.

Proxémica

El aspecto de la proxémica que más interesa es la proximidad física entre los individuos, ya que los alumnos pueden sentirse violentos si el formador se aproxima excesivamente a ellos o, por el contrario, verle distante si no se acerca.

Se debe prestar atención a este aspecto, tanto durante las intervenciones como al distribuir el espacio del aula que se va a emplear, evitando siempre que los asientos estén demasiado juntos o demasiado separados.

Paralingüística

Para captar la atención del público, los oradores suelen hacer uso de determinados aspectos como el tono de voz o las pausas, que en algunos casos pueden parecer exagerados.

El formador, aunque emplee el método de la lección magistral, no es un orador y, por tanto, no debe prestar especial atención a estos aspectos, excepto cuando le plantean algún problema, debido a la ansiedad, al cansancio o a un mal estado de salud. Practicar en voz alta y realizar grabaciones durante la fase de preparación puede ayudar a vencer estas dificultades.

Volumen

Aunque el aula sea pequeña, se tiene que realizar el esfuerzo de hablar lo suficientemente alto para que todos los alumnos oigan las explicaciones y, a la vez, transmitir confianza. En general, el volumen se ajustará instintivamente cuando se compruebe dónde se sitúa la persona que se encuentra más alejada.

Entonación

El problema más frecuente, especialmente si se está cansado, es la monotonía, que no contribuye a captar la atención ni a motivar a los alumnos.

El interés que el formador muestre por el tema y una correcta preparación le hará destacar los puntos clave y jugar con la entonación de una forma adecuada a lo largo de toda la exposición.

Pronunciación

Los problemas se presentan especialmente cuando se está nervioso o se habla demasiado rápido. Se debe hacer un esfuerzo por articular todas las palabras de manera limpia y clara, abriendo la boca lo suficiente para pronunciar correctamente las sílabas, consonantes y vocales.

Velocidad

Una velocidad correcta puede ayudar a resolver problemas de pronunciación y de entonación. Se debe hablar a una velocidad normal o algo superior, para facilitar el mantenimiento de la atención. No obstante, si se está nervioso, se puede hablar con mayor lentitud para facilitar la respiración y relajarse. También se debe reducir la velocidad cuando se expliquen conceptos técnicos complejos o cuando se espere alguna respuesta por parte de los alumnos.

 **RECUERDE**

Los elementos que trata la Paralingüística son:

- El volumen.
- La entonación.
- La pronunciación.
- La velocidad.

Proyección física

Existen determinados factores que, sin que la persona diga ni haga nada, transmiten información y hacen referencia a la imagen física que esta persona proyecta.

Es fundamental que el formador transmita una imagen positiva para los alumnos. Se debe cuidar el aspecto externo y los artefactos que se usen, como los adornos y prendas de vestir. La manera adecuada de vestir depende de la situación y siempre debe estar en consonancia con lo que cada colectivo de alumnos espera del formador.

 **EJEMPLO**

Sería negativo vestir pieles para impartir un curso cuyo objetivo fuese desarrollar actitudes positivas hacia la protección del medio ambiente.

En cualquier caso, se debe llevar ropa que resulte cómoda, bien cuidada y no demasiado llamativa. A los adornos y al peinado se aplican las mismas reglas que al vestido.

 **IMPORTANTE**

Un objetivo fundamental del formador es dirigir la atención de los alumnos hacia el contenido que está desarrollando, nunca hacia su persona.

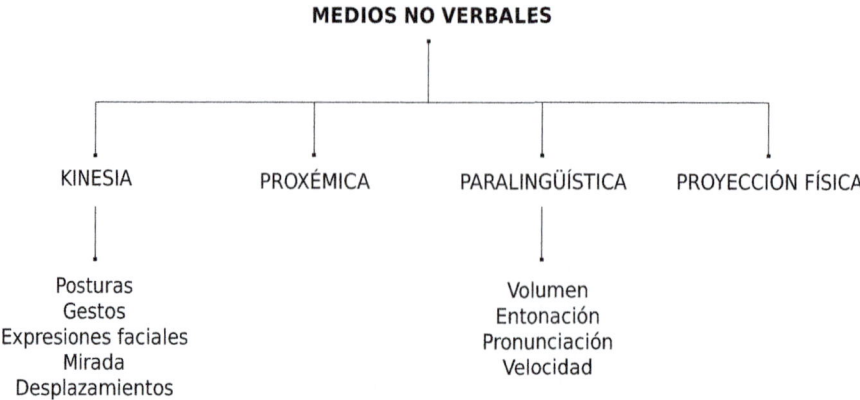

Finalmente, conviene recordar que si el formador observa atentamente la comunicación no verbal que expresan los alumnos, obtendrá una gran cantidad de información.

Hay numerosos signos no verbales que puede mostrar el alumno:

- **Atención:** posturas del cuerpo (inclinado hacia delante, hacia atrás...).
- **Necesidad de hablar:** movimientos sutiles de la boca, de la mano, etc.
- **Irritación:** movimiento de pies, manipulación de objetos sobre la mesa, etc.
- **Concentración:** tomar apuntes, mirar al docente, etc.
- **Cansancio:** cuerpo hundido, suspiros, etc.
- **Inercia:** silencios de todo el grupo, etc.
- **Desinterés:** cerrar el cuaderno, bostezar, mirar al vacío, etc.
- **Sorpresa:** levantar los brazos, abrir la boca, levantar las cejas, abrir los ojos, etc.

Si se observan estos elementos de forma atenta, se podrá obtener información sobre la comprensión del mensaje y el estado emocional de los alumnos, lo que será de gran utilidad para el formador durante el curso.

La comunicación no verbal aporta información al formador sobre los alumnos

5. Técnicas de secuenciación de contenidos

Una vez seleccionados los contenidos, hay que ordenarlos secuencialmente. La **secuenciación y estructuración de los contenidos** es el proceso que permite situarlos en una configuración que produce el máximo aprendizaje en el mínimo tiempo posible.

Algunas de las técnicas para la secuenciación de contenidos son las siguientes:

- ⮌ Que los contenidos estén de acuerdo con los objetivos propuestos y con los plazos previstos para conseguirlos.
- ⮌ Empezar por los contenidos más próximos y significativos para el alumno, para llegar poco a poco a lo desconocido. De esta manera, resultará más fácil introducir los nuevos contenidos.
- ⮌ Ir de lo inmediato a lo remoto.
- ⮌ Ir de lo concreto a lo abstracto.
- ⮌ Ir de lo más fácil a lo más difícil. Esto motiva al alumnado porque le va mostrando los avances de manera rápida.

Las principales ventajas que este proceso conlleva son:

- ⮌ Ayuda al participante a pasar de un conocimiento o habilidad a otro.

➲ Garantiza que los conocimientos y habilidades previas son alcanzados antes de introducir elementos nuevos.

➲ Reduce el tiempo de formación.

➲ Evita la confusión y los fallos en el participante.

Estos puntos son los principales aspectos a tener en cuenta cuando se realiza la presente fase de la programación de la formación, es decir, cuando se fijan los contenidos de la formación.

6. La selección y planificación de estrategias didácticas

Las personas que realizan un curso de formación son diversas, por ello es muy importante que las estrategias didácticas se adapten, de la mejor forma posible, al contexto y permitan una flexibilidad.

DEFINICIÓN

Estrategias didácticas
Son procedimientos que el formador emplea para facilitar el aprendizaje, con la intención de que éste sea significativo.

- -

Tras la selección y estructuración de contenidos, llega el momento de decidir la modalidad de formación a seguir y la metodología a utilizar en su impartición. Pero esta decisión no se puede tomar arbitrariamente, sino que ha de basarse en unos criterios. Los criterios de decisión básicos para determinar qué estrategia y qué método de formación es el adecuado, son:

➲ La compatibilidad con los objetivos.

➲ Los principios generales del aprendizaje del adulto: individualización, motivación, utilidad, practicidad, intereses, etc.

- Los principios de rigor, realismo y participación.
- El carácter eminentemente aplicativo de los aprendizajes.
- La posibilidad de transferir los aprendizajes al puesto de trabajo.
- Los recursos disponibles, incluido el tiempo.
- Los factores relacionados con los participantes, como el estilo de aprendizaje, la edad, el tamaño del grupo, la motivación, etc.

Una vez escogido el método, se observa que ninguno es químicamente puro, sino que unos participan de otros. Por lo demás, todo método puede ser adecuado o inadecuado dependiendo del modo en que sea empleado.

Los formadores deben utilizar los métodos flexiblemente, de la forma que mejor se adapten al estilo de formación, a la materia y a los alumnos, complementando cada método con la técnica y recurso didáctico más acorde.

7. La selección y planificación de medios y recursos didácticos

Para realizar cualquier acción formativa, hace falta algo más que elegir y aplicar unos métodos y unas técnicas. Son necesarios los medios y recursos didácticos, que van a ayudar a desarrollar la metodología seleccionada en el aula. Los medios y recursos didácticos permiten el trasvase de información formador-alumno.

 **DEFINICIÓN**

Medios didácticos
Son materiales elaborados para facilitar los procesos de enseñanza-aprendizaje.

Recursos didácticos
Son soportes mediante los cuales se presentan los contenidos del curso a los alumnos.

A la hora de escoger el medio o recurso a utilizar, se deben tener en cuenta los siguientes criterios:

- **Características de la materia o tema.** Dependiendo de la naturaleza de los contenidos, éstos pueden ser transmitidos por unos u otros métodos.
- **Los objetivos del curso.** Toda selección de medios y estrategias de enseñanza deben realizarse en función de éstos.
- **La disposición del aula y el número de alumnos.** Hay que tener cuidado, sobre todo en la visibilidad de alguno de los recursos, porque pueden perder eficacia.
- **Tiempo disponible para la formación.** Este elemento tiene que estar siempre presente, porque, en función del tiempo que se tenga, se elegirá lo que se adapte mejor a las necesidades.
- **Recursos disponibles,** ya que en algunas ocasiones están a nuestro alcance.
- **El uso que se haga de ellos,** cuál es la finalidad, qué es lo que se pretende y en qué momento se van a utilizar.
- **El nivel de conocimiento de los alumnos** sobre el tema.

Todos estos puntos se han de tener en cuenta a la hora de escoger un medio o recurso didáctico. La finalidad de éstos no es otra que la de fundamentar, apoyar y reforzar el acto formativo.

8. La planificación de la evaluación del proceso de enseñanza-aprendizaje

La aplicación de programas de formación lleva a la obtención de unos determinados resultados. Éstos serán los frutos de la formación y mostrarán el grado de eficacia y eficiencia con que se lleva a cabo la función formativa.

Los resultados indican el éxito de la formación mediante su contraste con los objetivos fijados anteriormente. Este procedimiento recibe el nombre de **evaluación,** proceso ampliamente conocido y con trascendencia reconocida para la formación. Según el proceso de evaluación aplicado, los resultados obtenidos serán reales y fiables, o bien, falseados.

Para que los resultados de la evaluación muestren con certeza el grado de éxito alcanzado con la formación, es necesario un requisito previo: el establecimiento de criterios de evaluación durante el proceso de planificación de la formación. Los criterios actúan como puntos de referencia, a partir de los cuales se valoran los resultados obtenidos.

Los criterios de evaluación han de fijarse con mucha atención, ya que determinan el proceso de evaluación, y éste juzga el grado de éxito de la función formativa.

El primer aspecto a tener en cuenta es la validez: los criterios de evaluación han de ser válidos en relación a los elementos del proceso formativo.

Los aspectos que determinan el grado de validez de los criterios de evaluación son:

⊃ La relevancia.
⊃ La no deficiencia.
⊃ La no contaminación.
⊃ Su fiabilidad.

El establecimiento de criterios válidos y fiables permitirá elaborar un proceso de evaluación de la formación que mida rigurosamente la eficacia y la eficiencia de la función formativa.

9. El seguimiento formativo

El seguimiento es un proceso continuo que sirve para evaluar la eficacia del uso de los recursos y para saber qué iniciativas se pueden emprender para mejorar el aprovechamiento de los recursos formativos.

El seguimiento, además de realizarse después de haber finalizado la planificación formativa, también se realiza antes de la acción.

9.1. Características

El seguimiento formativo permite evaluar los distintos componentes (desde los alumnos hasta todos los elementos que forman la programación) que intervienen en él durante todo el proceso de formación.

El seguimiento formativo se diferencia de la evaluación en que éste tiene que ver más con tareas organizativas, de coordinación, administrativas, etc.; sin embargo, la evaluación valora aspectos de los procesos de formación, como pueden ser la comunicación, el aprendizaje de los nuevos conocimientos, etc.

Con la realización adecuada de un seguimiento formativo:

- Se pueden **descubrir errores o desajustes** en el proceso de enseñanza-aprendizaje antes de que se realice la evaluación final para comprobarlos.
- Se pueden **corregir los errores** en el momento en el que se están produciendo.
- Además, **se detectan los aspectos positivos** que tienen lugar a lo largo de todo el proceso y las **posibles mejoras** que se pueden realizar.

El seguimiento formativo tiene que ser realizado por todas las personas que están implicadas en la realización de los cursos de formación (tutores, coordinadores, técnicos, etc.), por ello, el formador es una figura importante en el proceso de formación, ya que se encuentra implicado en él.

El proceso de formación debe estar planificado, pensado y planteado antes de que empiece la acción de formación, nunca debe llevarse a cabo de manera cerrada, sino que tiene que estar abierto a cualquier cambio que se considere necesario.

9.2. Finalidad

Son varias las finalidades que persigue el seguimiento formativo:

- Ayudar a comprender por qué ocurren algunas cosas y qué se puede hacer para intervenir en ese proceso que se está llevando a cabo.
- Identificar y solucionar los problemas que surgen a lo largo del proceso.
- Contribuir para elaborar planes de formación de manera objetiva, sin desviarse de la finalidad éste.
- Colaborar en la disminución y control del uso de los recursos materiales.
- Determinar el nivel que puede alcanzar el rendimiento y relacionarlo con el rendimiento actual.
- Diagnosticar y detectar problemas para llevar a cabo las acciones correctivas pertinentes.

9.3. Planificación

El seguimiento formativo debe planificarse antes y durante la acción formativa.

El objetivo de este seguimiento es comprobar la eficacia de la acción formativa antes de que ésta llegue a su fin, es decir, es necesario que durante este proceso todos los elementos que van a formar parte del aprendizaje estén planificados.

Los dos momentos que hay que tener en cuenta para planificar el seguimiento formativo son:

- **Antes de la acción formativa:** es necesario conocer las necesidades, el perfil del alumno, qué materiales, instrumentos, recursos, medios didácticos se van a usar.
- **Durante la acción formativa:** aquí el seguimiento se utiliza para comprobar los posibles errores y mejoras que se pueden llevar a cabo. Ofrece la posibilidad de poder modificar aquellas acciones o medios que dificultan el avance del aprendizaje.

10. Instrumentos para el seguimiento

A lo largo de un ciclo formativo pueden suceder errores y surgir problemas, esto abarca desde la identificación de necesidades hasta la planificación, el diseño, la implantación y la evaluación. Por todo esto, es importante saber cuál es la causa del problema y saber tomar las medidas oportunas para que no se origine nuevamente.

Para detectar el origen del problema, siempre se necesita una información determinada, ésta sólo se puede obtener mediante técnicas que ayuden a obtenerlas, es decir, que permitan recabar y analizar los datos obtenidos.

Para el seguimiento del proceso de enseñanza-aprendizaje, se pueden confeccionar diferentes tipos de instrumentos de evaluación, como pueden ser los cuestionarios y utilizar la observación directa, etc., si el tipo de formación lo permite (presencial o semipresencial). Estos instrumentos variarán según el tipo de datos que se quiera conseguir.

Un ejemplo de plantilla para recoger y analizar la información podría ser esta:

CURSO:		1º Módulo	2º Módulo	3º Módulo
Objetivos del módulo	Suficiente			
	Insuficiente			
	Adecuado			
	Inadecuado			
Contenidos del módulo	Suficiente			
	Insuficiente			
	Adecuado			
	Inadecuado			

Continúa en página siguiente >>

<< Viene de página anterior

CURSO:		1º Módulo	2º Módulo	3º Módulo
Metodología	Suficiente			
	Insuficiente			
	Adecuado			
	Inadecuado			
Actividades y recursos	Suficiente			
	Insuficiente			
	Adecuado			
	Inadecuado			
Recursos materiales	Suficiente			
	Insuficiente			
	Adecuado			
	Inadecuado			
Recursos humanos	Suficiente			
	Insuficiente			
	Adecuado			
	Inadecuado			
Proceso de evaluación	Suficiente			
	Insuficiente			
	Adecuado			
	Inadecuado			
Nivel de satisfacción del alumnado	Suficiente			
	Insuficiente			
	Adecuado			
	Inadecuado			

Para el seguimiento del aprendizaje, como la información que se obtiene es de diferente índole, se recogerá mediante la aplicación de las técnicas seleccionadas y elaboradas para la evaluación de cada uno de los aspectos planteados (observación directa de los trabajos, participación, cuestionarios acerca de la motivación y satisfacción del alumnado, etc.).

<< Viene de página anterior

Por ejemplo, los contenidos que se podrían incluir en la "parrilla" de análisis son los siguientes:

CURSO		1er Módulo	2º Módulo	3er Módulo
Conceptos (comprende los contenidos conceptuales)	Con facilidad			
	Con normalidad			
	Con dificultad			
Procedimientos (aplica y desarrolla los contenidos procedimentales)	Con facilidad			
	Con normalidad			
	Con dificultad			
Actitudes (manifiesta las actitudes adecuadas a los contenidos)	Con facilidad			
	Con normalidad			
	Con dificultad			
Motivación y participación	Con facilidad			
	Con normalidad			
	Con dificultad			
Satisfacción del alumno	Con facilidad			
	Con normalidad			
	Con dificultad			

Dos de las herramientas básicas son:

- **Los diagramas de flujo:** éstos sirven para desglosar en forma de componentes, para presentar una clara imagen de lo que ocurre.
- **Los checklists:** éstos son especialmente útiles para garantizar que se han realizado todas las acciones necesarias. Es otro método de ayuda orientado a los formadores y participantes para preparar, utilizar y solucionar los problemas del equipamiento.

Otros métodos de seguimiento y control que pueden ayudar en la formación son:

- ⮩ Las reuniones formales e informales.
- ⮩ Pasar un informe de las sesiones, cuestionarios de satisfacción o formularios de evaluación del curso.
- ⮩ Entrevistas de evaluación.

 **RECUERDE**

Algunos de los instrumentos de seguimiento más utilizados son:

- Cuestionario de satisfacción
- Cuestionario de motivación
- Observación directa
- Reuniones formales e informales
- Entrevistas de evaluación

11. Metodología de la evaluación del diseño de formación

Los métodos empleados en la evaluación siempre suelen son los mismos, independientemente de que se evalúen los objetivos, los contenidos, los recursos, etc. A pesar de esto, hay que tener en cuenta que no se deben utilizar todos los métodos que se van a nombrar, sino que todo dependerá de lo que se esté evaluando.

Los métodos más frecuentes son:

- ⮩ Observación sistemática.
- ⮩ Observación mediante observadores externos o internos del grupo.

- Análisis de trabajo.
- Entrevistas personales.
- Situaciones de simulaciones.
- Diálogos, debates.
- Cuestionarios específicos.
- Inventarios.
- Grabaciones en vídeo.
- Etc.

11.1. Evaluación de los objetivos

Cuando se diseña el programa formativo, se deben concretar los objetivos que serán objeto de evaluación al finalizar el curso, para comprobar si éstos se han alcanzado o no.

Los objetivos marcan aquellos aspectos claves que debe adquirir el alumno para alcanzar unas competencias determinadas. Éstos determinarán lo que el alumno será capaz de saber y saber hacer al acabar el curso, en unas condiciones dadas y con unos medios determinados.

Si, al finalizar el curso, se observa que los objetivos no se han cumplido en su totalidad, hay que analizar cuál ha sido la causa de este error y corregirlos. Si se han cumplido los objetivos, habrá que determinar los motivos de éxito, para volver a ponerlos en práctica en futuros cursos.

Los objetivos marcados al inicio de la formación sirven para:

- Dirigir la formación, es decir, saber hacia dónde se quiere llegar con ésta.
- Comprobar qué se ha logrado.
- Facilitar la evaluación, ya que se sabe cuáles son los objetivos que hay que evaluar.
- Reorientar la formación en el mismo momento que se está realizando.
- Elegir los métodos más adecuados para la formación.

La evaluación de los objetivos debe medirse atendiendo a:

- **Objetivos generales:** son utilizados para saber cuáles son las competencias generales.
- **Objetivos específicos:** parten de los objetivos generales.
- **Objetivos operativos:** son derivados de los específicos. Son objetivos más concretos y siempre deben estar relacionados con actividades u operaciones determinadas. Son los más fáciles de medir.

 **EJEMPLO**

Objetivos específicos para evaluar un curso de primeros auxilios:

- Aprender los conceptos básicos y generales de los primeros auxilios.
- Adquirir las habilidades y aplicar los principios de actuación para poder reaccionar adecuadamente en situaciones de urgencia.
- Conocer los aspectos jurídicos relacionados.

11.2. Evaluación de los contenidos

La evaluación de los contenidos se realizará para comprobar si los objetivos que se habían marcado al principio de la formación se han logrado, así como para eliminar aquellos contenidos que no aportan nada al curso.

Se debe tener siempre en cuenta que se puede lograr un mismo objetivo de formación utilizando diversos contenidos.

Para evaluar los contenidos, hay que comprobar si se ha seguido una secuencia lógica a la hora de impartirlos. Esta secuencia permite que los contenidos sean adquiridos por los alumnos de una manera más significativa, es decir, facilita el aprendizaje de los mismos.

Para que la evaluación de los contenidos resulte positiva, éstos deben ir expuestos:

- ➲ De acuerdo con los objetivos propuestos y con los plazos previstos para conseguirlos.
- ➲ De lo conocido a lo desconocido.
- ➲ De lo inmediato a lo remoto.
- ➲ De lo concreto a lo abstracto.
- ➲ De lo fácil a lo difícil.

Otro aspecto a tener en cuenta para que la evaluación de los contenidos sea positiva, es que éstos se deben estructurar adecuadamente, por ejemplo, mediante módulos, unidades didácticas, etc. Éstas tienen que abarcar los conocimientos, las habilidades y las actitudes que capacitan al alumno para poner en práctica las funciones que desempeñará en su puesto de trabajo. Por lo general, se pueden constituir equivalencias entre objetivos generales y cursos, objetivos específicos y módulos, unidades didácticas, etc. así como entre objetivos operativos y sesión formativa,.

◉ EJEMPLO

Siguiendo el ejemplo anterior de primeros auxilios, los contenidos que se evaluarán para comprobar si se han logrado o no los objetivos anteriormente propuestos, son:

- Primeros auxilios: conceptos generales.
- Soporte vital básico (reanimación cardio-pulmonar)-adultos.
- Soporte vital básico-niños.
- Soporte vital instrumental.
- Traumatismos osteoarticulares. Inmovilizaciones (vendajes y férulas improvisadas).
- Movilización de urgencia y posiciones de espera.
- Traumatismos craneales y vertebro-medulares.
- Otras situaciones de emergencia.

11.3. Evaluación de la metodología

La evaluación de la metodología consiste en comprobar que los métodos que se han utilizado son los adecuados para lograr los objetivos formativos, aunque éstos deben ser flexibles a la hora de utilizarlos, ya que deben adaptarse a la materia tratada, a los alumnos, a los recursos disponibles, etc.

Para conseguir que la evaluación de la metodología sea positiva, se deben tener en cuenta las características que se emplean para definir un método. Éstas pueden ser:

⊃ Presentar y mostrar la problemática del tema para que, a través de la reflexión y el esfuerzo, el alumno pueda resolverla.
⊃ Respetar tanto la libertad de expresión como de creación.
⊃ Las actividades que están destinadas al alumno tienen que ser dirigidas por el formador para que el alumno reflexione y participe.
⊃ Motivar al alumno, relacionando los temas con sus intereses, motivaciones y necesidades.
⊃ Organizar los nuevos aprendizajes para que se integren con los ya adquiridos.
⊃ Tener en cuenta las limitaciones y las posibilidades que tiene cada alumno.
⊃ Dar lugar a la acción individualizada a través de tareas que requieran planteamientos y acciones individualizadas.

11.4. Evaluación de actividades y recursos

Las **actividades** son unos elementos que acompañan a los contenidos formativos, ya que éstas refuerzan los contenidos que son expuestos por el formador. Siempre debe existir coordinación entre ambos, para esto se deben seleccionar adecuadamente tanto los métodos como las técnicas.

Para evaluar las diversas actividades que se han desarrollado, hay que formular una serie de preguntas para saber si las actividades han sido eficaces o han fallado en su ejecución. Algunas de estas preguntas pueden ser:

- ¿Qué ha hecho el alumno?
- ¿Ha sabido aplicar los conocimientos necesarios para lograr resolver las actividades?
- ¿Valora y comprende la finalidad de la actividad?
- ¿Ha mostrado interés en la realización de la misma?
- ¿Qué ha aprendido?
- ¿Han sido válidas las actividades?
- ¿Cuáles han fallado? ¿Por qué?
- ¿Se han alcanzado los objetivos?
- Etc.

Junto con las actividades, los recursos también tienen que ser evaluados, ya que de ellos va a depender en cierta manera la eficacia de las actividades. Por eso, en la evaluación de los recursos hay que tener en cuenta la eficacia de aquellos que se han utilizado y cuáles son los que se hubieran necesitado para desarrollar el curso.

Se pueden distinguir varios criterios para evaluar la eficacia de los recursos:

- Su calidad, porque actúa como mediador entre la realidad y la estructura cognitiva del alumno.
- El contexto metodológico, ya que todo va a depender de la metodología usada por el formador.
- Los propios alumnos, sus motivaciones, intereses, etc.
- La experiencia del formador en el manejo de los diversos recursos, sus habilidades, etc.

También es necesario tener en cuenta qué evaluar de los recursos:

- La rentabilidad de éstos.
- El aprovechamiento para distintas finalidades.
- El mantenimiento.
- La actualización, deben adaptarse a las nuevas tecnologías.
- La adecuación al proceso de enseñanza-aprendizaje.
- Posibilitar la acción, estimular y responder a las curiosidades presentes en el alumnado.

11.5. Evaluación del formador

La figura del formador es muy importante a lo largo de todo el proceso formativo, ya que, en cierta manera, el éxito o el fracaso de la formación recae sobre él, por lo tanto, es imprescindible conocer previamente a la persona que va a impartir un curso.

El formador es el mediador entre los contenidos y los alumnos, por lo que debe evaluarse de forma continua y a lo largo de todo el proceso de enseñanza-aprendizaje, así como al final del proceso, momento en que se comprobará si los métodos y estrategias que ha diseñado y utilizado han sido los adecuados, introduciendo posibles modificaciones para las prácticas futuras.

La evaluación del formador se puede realizar desde varias vertientes, en cada una de ellas se evalúan aspectos diferentes, pero todas persiguen el mismo fin, que es fomentar la calidad de la formación.

Evaluación realizada por los alumnos

Los alumnos pueden evaluar aspectos como la relación del formador con los alumnos, la organización de las sesiones, el control de clase, la efectividad de la enseñanza, etc.

En la siguiente tabla se muestra un cuestionario a modo de ejemplo:

Marque la opción que más se adecúe a las características que prevalecieron a lo largo del curso

---

1. Las oportunidades que tuve para realizar preguntas en clase fueron:
   a. Frecuentes
   b. Regulares
   c. Escasas
   d. Muy escasas

Continúa en página siguiente >>

<< Viene de página anterior

Marque la opción que más se adecúe a las características que prevalecieron a lo largo del curso

2. El interés que mostró el formador respecto a los alumnos fue:
   a. Satisfactorio
   b. Regular
   c. Poco
   d. Muy pobre

3. El clima existente en el aula fue:
   a. Bueno
   b. Regular
   c. Tenso
   d. Malo

4. En la prueba final se evaluaban los contenidos dados a lo largo del curso:
   a. Sí
   b. No

5. El material presentado en el curso fue:
   a. Original
   b. Poco original
   c. Nada original

6. Las actividades que realicé para asimilar los contenidos fueron:
   a. Útiles
   b. Regulares
   c. Pobres
   d. Inútiles

7. El contenido marcado para el curso se expuso en su totalidad:
   a. Sí
   b. No

8. El grupo de alumnos afectó a mi aprendizaje:
   a. De manera positiva
   b. De manera negativa
   c. No me afectó

9. El material audiovisual me pareció:
   a. Atractivo
   b. Regular
   c. Inadecuado

Continúa en página siguiente >>

<< Viene de página anterior

**Marque la opción que más se adecúe a las características
que prevalecieron a lo largo del curso**

10. Los procesos, problemas y soluciones experimentados en el trabajo en
    grupo fueron:
    a. Bien planteados
    b. Regular planteados
    c. Mal planteados

11. Las exposiciones por parte del docente me parecieron:
    a. Buenas
    b. Regulares
    c. Malas

12. La actuación del profesor durante el curso evidenció:
    a. Un elevado conocimiento de la materia
    b. Un mediano conocimiento
    c. Un escaso conocimiento

13. El profesor supo controlar las conductas perturbadoras
    sucedidas a lo largo del curso de forma:
    a. Eficaz
    b. Regular
    c. Ineficaz

14. El ritmo que siguió el profesor al exponer los contenidos me pareció:
    a. Muy bueno
    b. Satisfactorio
    c. Monótono

15. La secuencia de presentación de los contenidos del curso fue:
    a. Lógica
    b. Regular
    c. Arbitraria

16. La actuación del profesor despertó interés y motivación:
    a. Muchas veces
    b. Algunas veces
    c. Pocas veces
    d. Ninguna vez

Evaluación realizada por el propio formador

En esta evaluación, el formador va a evaluar la preparación del curso, el desarrollo del mismo, y también realizará una evaluación propia de su actuación como formador.

En la siguiente tabla se muestra un cuestionario a modo de ejemplo:

Marque la opción que más se adecúe a las características que prevalecieron a lo largo del curso

A. PREPARACIÓN DEL CURSO

1. ¿Cómo ha sido el tiempo con el que ha contado?
   a. Suficiente
   b. Insuficiente

   ¿Por qué? _____

2. ¿Cómo considera la distribución de las sesiones del curso?
   a. Adecuadas
   b. Inadecuadas

   ¿Por qué? _____

3. ¿Ha dispuesto de las guías didácticas del curso?
   a. Sí
   b. No

   ¿Por qué? _____

4. ¿Ha dispuesto de los recursos necesarios para la preparación de sus sesiones?
   a. Sí
   b. No

   ¿Cuáles le han hecho falta? _____

5. Teniendo en cuenta su nivel de formación, ¿ha necesitado apoyo por parte de la dirección del curso?
   a. Sí
   b. No

   ¿Cómo ha sido el apoyo? _____

Continúa en página siguiente >>

<< *Viene de página anterior*

**Marque la opción que más se adecúe a las características
que prevalecieron a lo largo del curso**

B. DESARROLLO DEL CURSO

6. ¿El desarrollo de las sesiones (distribución y tiempo) se ha correspondido con la planificación prevista?
    - a. Sí
    - b. No

7. ¿La metodología utilizada para el desarrollo de las sesiones ha propiciado la participación e implicación del alumnado?
    - a. Sí
    - b. No

    ¿Por qué? _____

8. ¿Considera que el clima del curso ha sido el adecuado?
    - a. Sí
    - b. No

    ¿Por qué? _____

9. ¿El contexto donde se ha desarrollado el curso ha sido adecuado y oportuno?
    - a. Sí
    - b. No

    ¿Por qué? _____

10. ¿Ha conseguido los objetivos propuestos?
    - a. Sí
    - b. No

    ¿Por qué? _____

C. AUTOEVALUACIÓN

11. Evalúe de 1 a 4 los siguientes apartados relacionados con su intervención como formador, donde:
    1. Considero imprescindible mejorar mi formación en este aspecto.
    2. Considero necesario mejorar mi formación en este aspecto.
    3. Cuento con recursos necesarios para el desarrollo ajustado del curso, pero podría encontrar dificultades si éste cambia el rumbo prefijado.
    4. Mi formación al respecto es adecuada y dispongo de recursos suficientes para el desarrollo óptimo del curso.

Continúa en página siguiente >>

<< Viene de página anterior

**Marque la opción que más se adecúe a las características
que prevalecieron a lo largo del curso**

	1	2	3	4
Dominio de los contenidos				
Metodología/didáctica empleada				
Comunicación con el alumnado				
Trabajo en equipo				

D. AMPLIACIÓN

Puede anotar a continuación cualquier aportación que desee realizar y no haya sido considerada en este cuestionario.

_____

_____

11.6. Tipos de evaluación

Existen diferentes tipos de evaluación, cada una se aplicará atendiendo a diferentes criterios.

Según su finalidad o función de la evaluación

Diagnóstica

Esta evaluación, como su nombre indica, tiene un carácter diagnóstico, ya que permite que se conozcan las potencialidades del alumno. De esta manera, la actividad didáctica se dirige de forma más efectiva.

Formativa

Se utiliza como estrategia para mejorar y ajustar los procesos formativos en el momento que se están llevando a cabo, para alcanzar las metas y los objetivos marcados. La evaluación formativa es aplicable a la evaluación de procesos.

Sumativa

Se aplica a la evaluación de productos terminados, es decir, se sitúa concretamente cuando finaliza un proceso, cuando éste se considera acabado. Su propósito es determinar el grado en que se han conseguido los objetivos establecidos, para evaluar de forma positiva o negativa el resultado. Esta evaluación permite tomar medidas tanto a medio como a largo plazo.

Según el momento de aplicación de la evaluación

Inicial

Se produce al principio del proceso de enseñanza-aprendizaje. La función que tiene la evaluación inicial es identificar el nivel de conocimientos que tienen los alumnos que inician un curso y, de esta manera, comprobar si los alumnos cuentan con los conocimientos necesarios para comenzarlo, y determinar si es posible impartirlo de acuerdo al programa formativo o si se requiere alguna modificación.

Procesual

La evaluación procesual se basa en valorar, de forma continua, el aprendizaje de los alumnos y la enseñanza del profesor, a través de la recogida sistemática de datos, toma de decisiones, etc.

La evaluación procesual es totalmente formativa, ya que, al favorecer la re-cogida continua de datos, permite tomar decisiones en el mismo momento que se considere necesario.

Los resultados que se obtienen forman la base permanente para el forma-dor a la hora de programar las actividades diarias, así como para establecer las actividades y los procedimientos más apropiados. De esta manera, se evitan las dificultades que se puedan producir en los aprendizajes que se están llevando a cabo. La finalidad de todo esto es evitar errores y vacíos en los aprendizajes posteriores.

_____

Final

La evaluación final es aquella que se realiza al finalizar la formación, por lo tanto ésta recoge y valora los resultados obtenidos a lo largo de un periodo formativo.

_____

Según su extensión

_____

Global

Tiene en cuenta todos los elementos y procesos que guardan relación con todo lo que es objeto de evaluación. Por ejemplo, si se trata de evaluar el proceso de aprendizaje de los alumnos, esta evaluación se centra en todas las áreas en general, pero sobre todo en los diversos tipos de contenidos de enseñanza (conceptos, procedimientos, valores, normas, etc.).

_____

Parcial

Esta evaluación no se realiza de manera global, sino que se lleva a cabo por partes, es decir, evalúa los componentes que más interesan.

Según los agentes que realizan la evaluación

Autoevaluación o evaluación interna

Es el proceso sistemático mediante el cual una persona o grupo examina y valora sus procedimientos, comportamientos y resultados, para identificar qué quiere corregir o modificar en él. La evaluación interna muestra que los alumnos están más motivados a la hora de realizar una tarea difícil. La puesta en práctica de la autoevaluación no conlleva que el profesorado abandone sus funciones, sino que implica una concepción diferente de la enseñanza.

La autoevaluación ofrece al estudiante ayuda para descubrir sus necesidades, cantidad y calidad de su aprendizaje, causas de sus problemas, dificultades y éxitos en el estudio. De esta manera, el alumno puede conocerse de manera más concreta.

Heteroevaluación o evaluación externa

La evaluación externa es realizada o llevada a cabo por otra persona que no es el protagonista del aprendizaje. En esta evaluación, lo más frecuente es que el profesor evalúe al alumno.

TIPOS DE EVALUACIÓN	
Según su finalidad o función	- Diagnóstica - Formativa - Sumativa
Según su momento de aplicación	- Inicial - Procesual - Final
Según su extensión	- Global - Parcial
Según los agentes que la realizan	- Autoevaluación o evaluación interna - Heteroevaluación o evaluación externa

Solucionarios de ejercicios de repaso y autoevaluación

Contenido

Apoyo en la recepción y acogida en instituciones de personas dependientes

Ejercicios de autoevaluación
Unidad de Aprendizaje 1

1. Indique si las siguientes afirmaciones son verdaderas (V) o falsas (F):

a. Entre las prestaciones de servicios de la Ley de Dependencia se encuentran los servicios de prevención de la dependencia y los de promoción de la autonomía personal.

- **■ Verdadero**
- ■ Falso

b. Los centros de día no se conciben como centros de atención integral, pues al no ser el usuario atendido durante el día completo no es posible ofrecer este tipo de respuesta.

- ■ Verdadero
- **■ Falso**

c. Los programas de respiro familiar pueden desarrollarse a través de la atención del usuario en un centro residencial o en el propio domicilio de la persona.

- **■ Verdadero**
- ■ Falso

d. En las residencias de personas con discapacidad gravemente afectadas se atiende de forma temporal a personas que sufren trastornos de conducta que no cesan a pesar del tratamiento ambulatorio o en unidad de agudos.

- ■ Verdadero
- **■ Falso**

e. Los espacios del centro residencial destinados para la dirección, administración y gestión del centro se corresponden con la zona de servicios generales.

- ■ Verdadero
- **■ Falso**

f. El profesional de atención sociosanitaria es un miembro más del equipo interdisciplinar, complementa al equipo y lleva a cabo sus funciones en continua y estrecha relación con el resto de especialistas.

- ■ **Verdadero**
- ■ Falso

g. Se incluye dentro de las competencias y responsabilidades del profesional de atención sociosanitaria en el área de higiene y aseo conocer las principales características de la piel y los trastornos asociados a ella, así como llevar a cabo técnicas de prevención de aparición de úlceras por presión.

- ■ **Verdadero**
- ■ Falso

h. Es importante que el profesional de atención sociosanitaria controle el proceso de administración de medicamentos y deje constancia del proceso. Del mismo modo, es fundamental que informe al equipo de cualquier respuesta adversa que el usuario pueda presentar ante la medicación.

- ■ **Verdadero**
- ■ Falso

i. Corresponde al área de atención sanitaria conocer las necesidades psicosociales de los usuarios y responder a ellas con apoyo emocional cuando lo necesiten.

- ■ Verdadero
- ■ **Falso**

j. En usuarios con alzhéimer y otras demencias no es adecuado trabajar las funciones cognitivas.

- ■ Verdadero
- ■ **Falso**

Ejercicios de autoevaluación
Unidad de Aprendizaje 2

1. Indique si las siguientes afirmaciones son verdaderas (V) o falsas (F):

a. Los protocolos de actuación tienen la función de garantizar que los profesionales trabajen de forma arbitraria.

- ■ Verdadero
- ■ **Falso**

b. La fase de revisión de protocolos tiene como finalidad introducir modificaciones en estos en caso de que se estime oportuno por parte del equipo para mejorar las diferentes intervenciones.

- ■ **Verdadero**
- ■ Falso

c. No se puede planificar el ingreso del nuevo usuario en el centro, ya que hasta que no llegue el mismo día del ingreso no hay información del futuro residente.

- ■ Verdadero
- ■ **Falso**

d. El concepto de dependencia solo hace referencia a la pérdida de autonomía física, ya que es la que repercute en el desarrollo de las actividades de la vida diaria.

- ■ Verdadero
- ■ **Falso**

e. Los usuarios que tienen gran dependencia pueden requerir apoyo generalizado para su autonomía personal. Este tipo de apoyo se presta de forma continuada, para toda la vida y en todas o casi todas las situaciones de la vida.

- ■ **Verdadero**
- ■ Falso

f. La relación de actividades y tareas que se tienen en cuenta en la valoración del Baremo de Valoración de la Dependencia (BVD) vienen definidas en el Real Decreto 174/2011.

- ■ **Verdadero**
- ■ Falso

g. El código deontológico es el documento en el que se recogen los principios, normas éticas y valores que regulan o guían la labor de un profesional.

- ■ **Verdadero**
- ■ Falso

h. No es importante la delimitación de las funciones de cada uno de los profesionales, ya que trabajan en equipo y pueden intercambiarse funciones en un momento dado. Es la principal ventaja del equipo interdisciplinar.

- ■ Verdadero
- ■ **Falso**

i. La situación particular en la que se encuentran los usuarios (dependencia) lleva a estos, con frecuencia, al desánimo, la frustración, la desesperanza y el desconsuelo, por lo que es fundamental que el profesional tenga capacidad para transmitir entusiasmo y optimismo.

- ■ **Verdadero**
- ■ Falso

j. Las reuniones son una de las herramientas de comunicación más importante del equipo interdisciplinar. En ellas se pueden debatir ideas, compartir experiencias o buscar el consenso sobre determinadas decisiones.

- ■ **Verdadero**
- ■ Falso

Apoyo en la organización de actividades para personas dependientes en instituciones

Ejercicios de autoevaluación
Unidad de Aprendizaje 1

1. Indica si las siguientes afirmaciones son verdaderas (V) o falsas (F):

a. Cuando se diseña un protocolo de actuación, no es necesario especificar qué profesionales participarán en el desarrollo del mismo ni el calendario de aplicación de las actividades, pues son decisiones que pueden hacerse sobre la marcha.

- Verdadero
- **Falso**

b. Las dos primeras fases de la elaboración de un protocolo son la definición del tema y el diseño de objetivos.

- **Verdadero**
- Falso

c. Se recomienda hacer un seguimiento de los diferentes protocolos para garantizar que se llevan a cabo de forma adecuada, para lo que será conveniente, entre otras actuaciones, registrar las posibles incidencias y comunicarlas al equipo interdisciplinar.

- **Verdadero**
- Falso

d. El tipo de apoyo que necesita un gran dependiente es el apoyo extenso.

- Verdadero
- **Falso**

e. Las actividades instrumentales de la vida diaria integran las habilidades para el cuidado de uno mismo. La higiene y el cuidado personal son ejemplos de este grupo.

- Verdadero
- **Falso**

f. La observación como técnica de evaluación no debe estar planificada ni organizada previamente por el profesional, es decir, se trata de un instrumento poco sistemático.

- Verdadero
- **Falso**

g. Para garantizar una respuesta individualizada es importante valorar cuál es el grado de dependencia que presenta el residente a la hora de desenvolverse en su medio a través de las AVD, pues solo de esta manera se podrán definir los apoyos, estrategias y ayudas necesarias para ese usuario.

- **Verdadero**
- Falso

h. El aseo, el vestido, el uso del retrete y la movilidad son ejemplos de áreas que se observan a través del índice de Katz.

- **Verdadero**
- Falso

i. Los niveles bajos de motivación en usuarios dependientes (mayores, discapacitados o enfermos) manifestados con frustración, desánimo y apatía son frecuentes. El profesional debe desarrollar una serie de actuaciones para trabajar este aspecto.

- **Verdadero**
- Falso

j. El castigo negativo consiste en reforzar de forma inadecuada una conducta.

- Verdadero
- **Falso**

Ejercicios de autoevaluación
Unidad de Aprendizaje 2

1. Indica si las siguientes afirmaciones son verdaderas (V) o falsas (F):

a. Los primeros pasos de un protocolo suelen describir actuaciones necesarias para preparar una actividad. Es importante que las actividades se organicen previamente.

- **Verdadero**
- Falso

b. Las actividades que tienen que ver con la satisfacción de necesidades prioritarias son las de carácter obligatorio en las instituciones sociales.

- Verdadero
- **Falso**

c. Las actividades de entrenamiento de funciones cognitivas tienen como objetivo principal la mejora del autonconcepto, la autoestima y la disminución de estados de frustración, desánimo y ansiedad.

- Verdadero
- **Falso**

d. Las técnicas de relajación ayudan a aminorar estados de ansiedad así como a la pérdida del control sobre emociones, siendo también beneficioso para la calidad de vida.

- **Verdadero**
- Falso

e. El baile utilizan la liberación y la relajación del cuerpo como forma de terapia.

- **Verdadero**
- Falso

f. Para la organización de recursos es adecuado la realización de inventarios, así como su revisión cada cierto tiempo con el objetivo de que estén actualizados.

- ■ **Verdadero**
- ■ Falso

g. Una de la manera en que se puede organizar el contenido de un almacén es según el volumen y el peso de los materiales: si pesan poco pueden apilarse, los más pequeños se pueden colocar detrás en un segundo plano, y los grandes delante para tener un control de todos, o si son demasiado pesados deben colocarse en las estanterías inferiores.

- ■ Verdadero
- ■ **Falso**

h. Cuando la cantidad de materiales de un almacén es grande, es muy útil emplear un sistema de codificación.

- ■ **Verdadero**
- ■ Falso

i. Las ayudas técnicas para el esparcimiento son las que tienen como finalidad apoyar al usuario en la movilidad para que se desplace adecuadamente por el entorno.

- ■ Verdadero
- ■ **Falso**

j. Las dificultades de orientación son muy frecuentes en usuarios con problemas cognitivos.

- ■ **Verdadero**
- ■ Falso

Ejercicios de autoevaluación
Unidad de Aprendizaje 3

1. Indica si las siguientes afirmaciones son verdaderas (V) o falsas (F):

a. Un sistema de trabajo discontinuo consiste en trabajar días alternos a la semana, es decir, un día sí y otro no.

- ■ Verdadero
- ■ **Falso**

b. Las actividades que se hacen de forma colectiva intentan organizarse de manera que los usuarios formen un grupo lo más heterogéneo posible en cuanto a necesidades, lo que permite al profesional una mejor coordinación de la sesión.

- ■ Verdadero
- ■ **Falso**

c. Cuando el profesional rota por los diferentes turnos no tiene un horario estable, lo que exige estar en constante atención al turno que le corresponde y adaptándose en cada periodo a las peculiaridades del turno correspondiente.

- ■ **Verdadero**
- ■ Falso

d. En el proceso comunicativo, el código hace referencia al conjunto de signos que se utilizan para emitir y comprender el mensaje, así como las normas de combinación y uso de dichos signos. No es necesario que emisor y receptor conozcan y compartan el mismo código.

- ■ Verdadero
- ■ **Falso**

e. La presbiacusia consiste en una pérdida progresiva de la capacidad de hablar.

- ■ Verdadero
- ■ **Falso**

f. Los sistemas aumentativos de comunicación se diseñan para incrementar el habla, pues esta existe en el usuario pero no es suficiente para que pueda comunicarse de forma óptima con una adecuada fluidez e inteligibilidad.

- ■ **Verdadero**
- ■ Falso

g. El braille es un sistema a través del cual las personas ciegas se comunican de forma oral, para lo que emplean el tacto como sentido principal.

- ■ Verdadero
- ■ **Falso**

h. En la lengua de signos, no solo es importante cómo colocar las manos o los brazos para hacer el signo correspondiente, sino que en el mensaje influye también la posición donde se realice el signo y el tipo de movimiento que se haga, entre otros aspectos.

- ■ **Verdadero**
- ■ Falso

i. Los indicadores de calidad sirven para saber qué elementos tienen que estar presentes en las intervenciones que se desarrollan, comprobar si estos están presentes o no y, si lo están, en qué medida o estado se encuentran. De este modo se tiene un control y un seguimiento de las intervenciones.

- ■ **Verdadero**
- ■ Falso

j. Una adecuada coordinación y comunicación entre los profesionales del equipo interdisciplinar se considera un indicador de calidad.

- ■ **Verdadero**
- ■ Falso

Ejercicios de autoevaluación
Unidad de Aprendizaje 4

1. **Indica si las siguientes afirmaciones son verdaderas (V) o falsas (F):**

    a. El plan de cuidados individualizado es un documento en el que se define el conjunto de actuaciones, estrategias y procedimientos dirigidos a ofrecer una atención integral y personalizada a los diferentes usuarios de un centro.

    - ■ **Verdadero**
    - ■ Falso

    b. Uno de los elementos constitutivos del plan de cuidados individualizado hace referencia a las necesidades del usuario. A partir de estas se diseñarán los objetivos del plan y actividades para conseguirlos.

    - ■ **Verdadero**
    - ■ Falso

    c. En la fase de diseño del Plan de Cuidados Individualizado se programan las actividades que se desarrollarán, pero no los objetivos del plan. Los objetivos se plantean en la fase anterior.

    - ■ Verdadero
    - ■ **Falso**

    d. El Plan de Cuidados Individualizado (PCI) se basa en el Plan General de Intervención pero se personaliza para cada usuario.

    - ■ **Verdadero**
    - ■ Falso

    e. Sobre el expediente personal se puede decir que debe ser confidencial y que es necesario que esté actualizado.

    - ■ **Verdadero**
    - ■ Falso

f. Después de realizar un procedimiento es importante dejar constancia de que se ha realizado tal actuación, así como de reflejar cualquier tipo de incidencia que se haya producido en el desarrollo de la misma. Estas anotaciones se escriben en unos documentos denominados registros.

- ■ **Verdadero**
- ■ Falso

g. La comunicación es un proceso necesario dentro del equipo interdisciplinar para conseguir la consecución de sus objetivos.

- ■ **Verdadero**
- ■ Falso

h. Según la Ley 41/2002, de 14 de noviembre, que es la que recoge este supuesto en su artículo 5, cuando el paciente, según el criterio del médico que le asiste, carezca de capacidad para entender la información a causa de su estado físico o psíquico, la información se pondrá en conocimiento de las personas vinculadas a él, por razones familiares o de hecho.

- ■ **Verdadero**
- ■ Falso

i. Cuando un equipo de profesionales se reúne e intercambia información, se están produciendo relaciones interpersonales. Hay que evitar que estas repercutan o influyan negativamente en la marcha del equipo.

- ■ **Verdadero**
- ■ Falso

j. Para ser asertivo hay que expresar opiniones, intereses, objetivos, derechos e ideas personales respetando a los demás.

- ■ **Verdadero**
- ■ Falso

Intervención en la atención higiénico-alimentaria en instituciones

Ejercicios de autoevaluación
Unidad de Aprendizaje 1

1. ¿Cómo se denomina a la capa de la piel más superficial?

La capa más superficial de la piel se llama epidermis.

2. ¿Cuántos tipos de baños se pueden realizar dependiendo de su finalidad?

Dos, baños higiénicos y baños terapéuticos. Estos, a su vez, se dividen de la siguiente manera:

- Baños higiénicos:

  · Baño completo
  · Baño parcial

- Baño terapéutico:

  · Baño de asiento
  · Baños emolientes

3. ¿Qué utensilios son necesarios para la higiene de los oídos?

- Torundas, gasas o esponjilla jabonosa.
- Batea o riñonera con agua.
- Gel líquido.
- Toalla.

4. Existen una serie de factores intrínsecos y extrínsecos que contribuyen a la formación de úlceras por presión. Coloca 1 o 2 según los términos que aparecen, si van referidos a factores intrínsecos (1) o extrínsecos (2).

1. Disminución de la percepción.
2. Tipos de material utilizado.
1. Sobrepeso.
2. Presión.

2. Humedad.

2. Hipotermias.

2. Suciedad.

1. Delgadez.

1. Edad avanzada combinada con múltiples factores.

2. Fricción.

2. Fuerza de cizallamiento.

1. Permanencia en cama o silla de ruedas.

5. ¿Cuáles son las características de la orina que se pueden valorar?

- Color: el normal es ámbar transparente, aunque puede variar mucho.
- Olor: se refiere al olor del líquido excretado durante la micción. El olor de la orina puede variar, si una persona toma suficientes líquidos, y lleva una vida saludable, la orina no tiene un olor fuerte.
- pH: es ligeramente ácido, sobre 6.
- Densidad: indica la concentración de sustancias en la orina. La densidad normal se encuentra entre 1.015 y 1.022 g/l.
- Contenido: está formada por agua casi en su 90-95 %, más ácido úrico, creatinina, urea, etc.
- Sustancias que la orina no debe contener: sangre, glucosa, albúmina, cálculos o arenilla, etc.

6. ¿Qué es la incontinencia fecal?

La incontinencia fecal es la pérdida de control sobre el esfínter anal, con ella la persona es incapaz de decidir el momento en el que ir al baño, ya que no se domina el esfínter, produciéndose un escape de deposiciones y de gases involuntarios.

7. Define el término colostomía.

La colostomía es la comunicación de una parte del intestino grueso (colon) con la pared abdominal, realizada mediante una intervención quirúrgica, para permitir la salida al exterior de las heces.

8. **¿Cuáles son las características más importantes del agente causal?**

- Contagiosidad.
- Infectividad.
- Dosis infectante.
- Patogenicidad.
- Virulencia.

9. **¿De qué va a depender el método utilizado para prevenir una infección?**

Del eslabón de la cadena infecciosa sobre el que se vaya a actuar.

10. **Indica los diferentes tipos de productos que hay para la movilidad.**

- Los productos para transferencias y giros.
- Los productos de apoyo.

11. **Indica los productos de apoyo que se pueden encontrar para el baño o aseo personal.**

Los productos para el aseo personal son:

- Peines y cepillos.
- Cepillos de dientes.
- Dispensadores de jabón líquido.
- Esponjas especiales.
- Dispensador de papel higiénico.
- Cortaúñas.

Los productos para el baño son:

- Elevador de inodoro.
- Elevador de inodoro plegable.
- Barras asideras para el inodoro.
- Cuadro para inodoro y lavabo.
- Silla de transferencia.
- Taburetes de ducha.
- Asientos abatibles de ducha.
- Ducha adaptada.
- Silla giratoria de bañera.

- Silla de ducha con ruedas.
- Silla de bañera suspendida.
- Asideras para la bañera.
- Barras asideras para la bañera.
- Esterillas antideslizantes.

12. ¿Qué función tiene la silla giratoria de bañera?

Facilitar el aseo tanto para el usuario como para el cuidador. Se coloca y quita de manera muy fácil.

13. ¿Cuál es el último sentido que se pierde en un enfermo terminal?

El oído.

14. ¿Cuáles son los orificios naturales que se deben taponar con algodón en el fallecido?

Los orificios naturales son: boca, fosas nasales, recto, oídos y vagina (en el caso de las mujeres).

15. En el caso de que el difunto tenga los ojos abiertos, ¿cómo se cierran?

Realizando una pequeña presión con la yema de los dedos y si no se quedaran cerrados, se colocará una torunda de algodón humedecida sobre ellos.

Ejercicios de autoevaluación
Unidad de Aprendizaje 2

1. **¿Cuáles son los dispositivos que debe haber en la habitación del usuario?**

   Luz de emergencia, un sistema de comunicación interna y una toma de oxígeno y una toma de vacío.

2. **¿Qué dimensiones debe tener la puerta de entrada de la habitación del usuario?**

   La puerta de entrada debe tener un ancho suficiente para que permita la entrada y salida de camillas, carros, aparatos para la exploración, sillas de ruedas, etc.

3. **De las siguientes frases, indica cuál es verdadera o falsa.**

   a. La habitación compartida por varios usuarios debe estar provista por cortinas o biombos que separen cada unidad.

   ■ **Verdadero**
   ■ Falso

   b. La limpieza de la habitación se realizará, en primer lugar, sacando las bolsas de residuos y restos de papeleras.

   ■ **Verdadero**
   ■ Falso

4. **¿Dónde deben estar situados la toma de oxígeno y la toma de vacío dentro de la habitación del usuario?**

   Fijados en la pared, junto a la cabecera de la cama del usuario.

5. **¿Qué características debe tener la luz de una habitación?**

   Debe ser una luz natural que no provoque destellos ni sombras.

6. ¿Cuántas veces al día es recomendable ventilar una habitación?

Una vez al día.

7. La temperatura óptima de la habitación del usuario, ¿entre qué temperatura oscila?

Entre 22 °C y 25 °C.

8. ¿Qué efectos puede producir el ruido en el usuario de una institución?

Los efectos del ruido pueden generar alteraciones psicofisiológicas, aumentando el nivel de estrés y ansiedad, y provocando trastornos en el sueño.

9. De las siguientes frases, indica cuál es verdadera o falsa.

a. Cuando el usuario sea un enfermo contagioso, la lencería sucia debe guardarse en bolsas especiales. Esta será lavada aparte y en condiciones especiales.

- ■ **Verdadero**
- ■ Falso

b. En la cama del usuario que ha sido operado (cama quirúrgica), hay que añadir una entremetida y un hule bajo su cabeza, para favorecer su higiene en caso de vómito. En este tipo de cama también se debe eliminar el uso de almohada.

- ■ **Verdadero**
- ■ Falso

10. Cuando una cama está ocupada por un paciente que no puede colaborar es aconsejable...

a. ... hacerla un solo profesional, aunque tarde más.
b. ... que intervengan dos profesionales, para que el arreglo de la cama se haga más cómoda.

c. ... hacerla un solo profesional con la ayuda de algún familiar.
d. Todas las opciones son incorrectas.

Ejercicios de autoevaluación
Unidad de Aprendizaje 3

1. ¿Qué funciones realizan los nutrientes en el organismo?

Los nutrientes en el organismo desarrollan varias funciones:

- Suministrar la energía necesaria.
- Proporcionar los materiales necesarios para formar y mantener la estructura corporal.
- Regular los procesos metabólicos, permitiendo que las células realicen sus funciones, ya que ellas son las responsables del funcionamiento del cuerpo.
- Prevenir una serie de enfermedades que están relacionadas con la nutrición.

2. Completa las siguientes oraciones.

Las vitaminas **hidrosolubles** son solubles en agua e insolubles en **grasas.** Y las vitaminas liposolubles son **solubles** en grasas e **insolubles** en agua.

3. Indica los componentes del aparato digestivo.

- Boca
- Faringe
- Esófago
- Estómago
- Intestino delgado
- Intestino grueso

4. ¿Dónde está situado el páncreas?

Está situado en la parte alta del abdomen, entre el duodeno y el bazo.

5. ¿Qué es la gastroenteritis? ¿Cuáles son sus causas?

Es una inflamación del estómago y del intestino.

Las causas pueden ser, bien por intolerancia a la lactosa, infecciones por virus o bacterias.

6. ¿Cómo debe ser una dieta saludable?

- Debe ser rica en fruta, verduras, cereales y legumbres.
- Debe incluir leche y derivados.
- Se debe evitar el consumo excesivo de grasas.
- Se ha de realizar un consumo moderado de las proteínas, aumentando el consumo del pescado.
- Se ha de beber diariamente entre 1 y 2 litros de agua, como mínimo.
- Se evitará el alcohol, bebidas gaseosas, cafeína y el exceso del consumo de sal.
- Se evitará el tabaco.
- Toda dieta se debe cumplimentar con la realización de ejercicio físico.

7. ¿En qué consiste la dieta líquida?

Esta dieta está formada únicamente por líquidos como agua, zumo, etc.

8. ¿Qué se debe aumentar en la dieta hiperporteica?

Se debe aumentar el porcentaje de proteínas.

9. ¿Qué postura debe adquirir el usuario que permanece en la cama para ser alimentado vía oral?

Se le coloca en posición de Fowler.

10. ¿En qué consiste la perfusión intermitente?

Se conecta a la sonda del enfermo una alargadera que lleva una llave de paso.

El otro extremo de la alargadera se conecta a la bolsa o bote que contiene el alimento. Esta se cuelga de un árbol o soporte. Mediante la llave de paso se regula la cantidad de alimento que debe recibir el enfermo.

El alimento va pasando a la sonda de forma intermitente (gota a gota).

11. La alimentación enteral es administrada a través de...

        a. ... una vía intravenosa.
        b. ... una sonda.
        c. ... la boca.
        d. Todas las opciones son correctas.

12. ¿Qué es una muestra biológica?

La muestra biológica es un fragmento de material biológico, extraído del organismo del paciente o bien excretado por él, y que se obtiene para ser analizada.

13. ¿Qué datos deben aparecer en el volante de solicitud de una muestra biológica?

Datos del usuario, pruebas que hay que realizarle y el laboratorio de destino.

14. Completa la siguiente oración.

La **orina** es un líquido **amarillento y traslúcido** que se forma en los riñones y procede de la depuración del **plasma sanguíneo,** eliminando productos de **desecho** y reabsorbiendo las sustancias que son útiles.

15. ¿Cuáles son las normas de higiene a seguir en las precauciones universales?

- Cubrir heridas y lesiones que puedan estar en contacto con los agentes infecciosos.
- Las manos se lavarán antes y después de realizar el trabajo.
- No se debe comer, beber o fumar dentro del área de trabajo.

Solucionario 4

Intervención en la atención sociosanitaria en instituciones

Ejercicios de autoevaluación
Unidad de Aprendizaje 1

1. **¿Qué niveles hay dentro de los servicios sociales?**

   Dentro de los servicios sociales, hay dos niveles de atención:

   Nivel de atención primario: es el que recibe el usuario cuando se dirige a las unidades del ayuntamiento.

   Nivel secundario de atención: es el que se realiza desde los propios servicios sociales, en respuesta a situaciones complejas en las que se necesita de un especialista.

2. **Completa las siguientes oraciones.**

   a. La pérdida de las funcionales de algunas partes del cuerpo es lo que determina el nivel de **incapacidad** del usuario.
   b. La evolución funcional de un paciente se establece tras haber realizado una valoración de la **independencia** o dependencia del paciente, en las actividades básicas de la vida diaria.
   c. Actualmente existen una serie de pruebas que se utilizan para determinar el grado de **dependencia** de un usuario.
   d. La evolución **funcional** se establece a raíz de realizar una de los valores funcionales independientes.

3. **Explica los grados de dependencia.**

   - Dependencia moderada: es aquella en la que la persona necesita ayuda como mínimo una vez al día, o necesita ayuda de manera intermitente.
   - Dependencia severa: es aquella en la que la persona necesita ayuda como mínimo dos o tres veces al día, aunque no necesita un cuidador a su lado de manera permanente.
   - Gran dependencia: es aquella en la que la persona necesita ayuda de manera continuada.

4. Cuando en el índice de Barthel aparece una puntuación entre 20 y 35 esto, ¿qué significa?

Esto significa que el paciente tiene una dependencia grave.

5. ¿Qué se estudia con el índice de Katz?

Se estudia el grado de dependencia o independencia del paciente y no se le da una valoración numérica, ya que se le establecen letras dependiendo de las actividades que el usuario puede realizar o no.

6. ¿Qué mide el índice de Lawton y Brody?

Este índice mide la capacidad del usuario para realizar las actividades cotidianas, a raíz de este índice se miden las capacidades del usuario en las que si obtiene una puntuación hasta 8 puntos se considerarán independientes, entre 8 y 20 puntos, necesitarán cierta ayuda, y si obtienen más de 20 puntos necesitará mucha ayuda.

7. ¿Cuáles son los productos de apoyo que se ven con más frecuencia?

Los productos de apoyo que se ven con más frecuencia son los siguientes:

- Productos para la movilidad.
- Productos para la deambulación.
- Productos para la alimentación.
- Productos para el aseo.
- Productos para vestirse.

8. ¿Qué productos existen para la movilidad?

Para la movilidad existen dos tipos de productos:

- Productos para transferencias y giros.
- Productos de apoyo.

9. ¿Para qué se utiliza el módulo portátil?

El módulo portátil se utiliza realizar transferencias de un usuario de la cama a la silla de ruedas, del sillón a la cama, etc.

10. ¿Qué es el maletín de evaluación?

Es aquel que contiene todos los utensilios que hay, para que así el paciente pueda escoger el que más se adapte a sus necesidades.

Ejercicios de autoevaluación
Unidad de Aprendizaje 2

1. Indica cuáles son los movimientos de respiración.

Los movimientos de respiración son:

- Inhalación (inspiración): consiste en tomar oxígeno.
- Exhalación (espiración): consiste en la expulsión del dióxido de carbono.

2. ¿Cuáles son los síntomas de la gripe?

Después de exponerse a la gripe, los síntomas surgen al cabo de dos o tres días y su desarrollo es rápido. Se suele producir fiebre alta, dolor de garganta, dolor de cabeza, tos, dolores musculares, ojos que lagrimean, etc.

Los síntomas que son más molestos persisten aproximadamente tres días, pero la sudoración, la debilidad y el cansancio se prolongan durante días e incluso semanas.

3. Explica las características del pulso.

Las características del pulso son:

- La frecuencia: es el número de pulsaciones por minuto. En un adulto, los valores normales se encuentran entre 60 y 80 pulsaciones por minuto (ppm). Si el número de pulsaciones por minuto es mayor a 100 se habla de taquicardia. Cuando el pulso es inferior a 60 pulsaciones por minuto, de bradicardia.
- El ritmo: es la regularidad con que se suceden las pulsaciones. Cuando el intervalo que hay entre pulsación y pulsación se mantiene constante se trata de un pulso rítmico. Cuando no se mantiene constante se trata de pulso arrítmico.
- La intensidad: es la fuerza con que se percibe el pulso. Según la intensidad, el pulso puede ser fuerte o débil. Realmente ésta viene determinada por dos factores, uno es el volumen de sangre que circula, y otro es la resistencia que ofrecen las paredes arteriales al paso de la sangre. Es frecuente que las personas que sufren hipertensión tengan un pulso muy fuerte.

4. ¿Cuáles son las alteraciones más específicas que hay en la tensión arterial?

Las alteraciones más específicas que hay en la tensión arterial son:

- Hipertensión: es el aumento de la tensión arterial por encima de los límites de los valores normales.
- Hipotensión: es la disminución de la tensión arterial por debajo de los límites de los valores normales.

5. ¿Por qué hay medicamentos que no pueden administrarse con otros?

Porque al interaccionar pueden potenciar sus efectos o bien disminuirlos.

6. Indica todo lo que debe aparecer en una orden médica.

En toda orden debe aparecer:

- El nombre y los apellidos del paciente.
- La fecha en que se prescribe el medicamento.
- Número de habitación y cama.
- Nombre del medicamento.
- La dosis exacta.
- La vía de administración.
- La frecuencia de administración.
- El nombre del médico y su correspondiente firma.

7. Completa las siguientes oraciones.

- a. La **oxigenoterapia** es una técnica terapéutica que consiste en administrar oxígeno al paciente cuando sus niveles en sangre arterial se encuentra por debajo de los valores normales.
- b. La mascarilla facial es un de dispositivo de plástico que se adapta a la cara del enfermo y que debe cubrir **la boca y la nariz,** por lo que existen en el mercado diferentes tamaños dependiendo de la edad del paciente.

8. Cuando se administra una inyección, ¿qué material general se necesitará? ¿Qué tipo de material específico será necesario?

Se necesitará el siguiente material general:

- Agujas de diferente calibre.
- Jeringas de diferentes medidas.
- Povidona yodada.
- Gasas estériles.

Será necesario el siguiente material específico:

- Aguja de punción raquídea o espinal.
- Catéter periférico.
- Catéteres centrales.
- Llaves de tres vías.
- Goteros de diferentes tamaños.
- Equipo de administración de soluciones con bomba.

9. ¿Por qué se utilizan trajes de manga larga protectores no estériles?

El hecho de usar trajes de manga larga protectores no estériles está indicado para proteger la piel descubierta y para prevenir que se manche la ropa de sangre o de fluidos corporales.

10. Define el término hepatitis B.

Es uno de los principales riesgos biológicos al que está expuesto cualquier personal sanitario, ya que se encuentra en contacto directo con sangre, fluidos corporales, etc. La hepatitis B se encuentra ya reconocida como enfermedad.

Ejercicios de autoevaluación
Unidad de Aprendizaje 3

1. ¿Qué son las neoplasias?

Son tumores que afectan a los huesos, los benignos u osteomas, y los malignos o sarcomas osteogénicos. Estos tumores suelen ser metastáticos, es decir, el tumor está en el hueso pero se difunde a otras partes del organismo.

2. ¿Cuál es la principal finalidad del sistema nervioso?

El sistema nervioso tiene como principal finalidad el comunicarse con el exterior, ya que mediante los órganos receptores, el ser humano es capaz de identificar los hechos que están ocurriendo al alrededor.

3. Explica en qué consisten las siguientes posiciones.

a. Posición de Sims.
Es una posición intermedia entre decúbito lateral y decúbito prono. El usuario se encuentra acostado sobre uno de sus lados, la pierna superior se encuentra flexionada por la cadera y la rodilla, y apoyada sobre la cama, la pierna inferior semiflexionada por la rodilla, el brazo superior formando un ángulo recto sobre el plano de la cama y el brazo inferior extendido hacia atrás.

b. Posición de Roser.
En ella, el usuario descansa sobre su espalda, con los brazos y piernas extendidos a lo largo del cuerpo, y la cabeza en hiperextensión y fuera del plano de la cama.

c. Posición de decúbito ventral.
El cuerpo del usuario descansa sobre su vientre. La cabeza se encuentra hacia un lado, los brazos extendidos a lo largo del cuerpo y las piernas también extendidas. Si el usuario encamado lo prefiere, también puede poner los brazos hacia arriba, a la altura de la almohada.

4. ¿Cuáles son los beneficios de una adecuada mecánica corporal?

Los beneficios son:

- Aumento del bienestar del usuario y del profesional.
- Prevención de riesgos y accidentes para ambos.
- Disminución de la fatiga del profesional.

5. Completa las siguientes oraciones.

- a. El cuidador debe utilizar su propio **peso** para contrarrestar el del usuario.
- b. Al levantar a una persona de un sillón, no hay que doblar **la cintura**.
- c. Cuando se vaya a realizar un **giro,** este se debe realizar con los pies y no con la cintura.

6. ¿Qué estrategias se utilizan para la prevención de caídas y accidentes del usuario?

Las estrategias que se utilizan son:

- Valoración del riesgo de caída de un usuario.
- Cuidados realizados por el cuidador.
- Control de riesgos del entorno.

7. Explica la valoración de los riesgos en la caída de un usuario.

Para desarrollar esta estrategia se deben seguir los siguientes pasos:

- Identificar el riesgo que existe de caídas, cuando el usuario ingresa en una institución.
- Tras el ingreso se debe volver a evaluar los mismos, teniendo muy presente la movilidad del paciente.
- Se debe vigilar la medicación y los efectos secundarios que esta puede conllevar.
- Es recomendable que se vaya revisando el entorno regularmente.

8. Explica la deambulación con andador.

El procedimiento a seguir para su uso es:

- Paso 1. Antes de usar el andador se debe realizar una valoración del equilibrio y la fuerza de los hombros, brazos y piernas del usuario.
- Paso 2. Medir el andador y ajustar su altura hasta que sea aproximadamente igual a la distancia entre el trocánter mayor, parte correspondiente a la cadera del usuario, y el suelo, de modo que pueda situarse entre las patas traseras del andador y coger las empuñaduras con los brazos flexionados de 20° a 30°.
- Paso 3. El cuidador debe informar al usuario del procedimiento y asegurarse de que está preparado física y psicológicamente para realizarlo, proporcionándole seguridad e ilusión ante el nuevo avance o progreso que acontece en su estado.
- Paso 4. El cuidador se debe lavar las manos.
- Paso 5. Se tomarán los signos vitales, para tener una medición de referencia antes de iniciar la técnica.
- Paso 6. Se debe ayudar al usuario a ponerse los zapatos y a levantarse, en la medida en que lo necesite. Cuando se ponga de pie, debe agarrarse a los brazos de una silla o a la cama, hasta que se encuentre firme y equilibrado.
- Paso 7. Se debe indicar al usuario que apoye firmemente los pies en el suelo y que agarre con las dos manos las empuñaduras del andador mirando hacia delante, y nunca hacia el suelo.
- Paso 8. El cuidador se pondrá junto al andador, en el lado más débil del usuario y ligeramente por detrás del mismo.
- Paso 9. Se le explicará al usuario cómo debe andar, teniendo en cuenta sus necesidades.
- Paso 10. Si durante la deambulación debe darse la vuelta, se le pedirá al usuario que se gire hacia el lado menos afectado, con los pies separados para tener una base de apoyo más amplia.
- Paso 11. Se debe tomar el pulso, respiración, color de la piel, temperatura y sudoración durante la deambulación, comparándolo con los datos iniciales. Así mismo, se estará pendiente del equilibrio y estabilidad durante la marcha.
- Paso 12. Una vez que ha finalizado la deambulación, se debe ayudar al usuario, en la medida de lo necesario, a volver a acostase o a sentarse en el sillón.
- Paso 13. Es importante que se alabe su esfuerzo, y así animar al usuario para que siga con esa actitud.
- Paso 14. Finalmente, se anotarán las incidencias y el cuidador procederá a lavarse las manos.

9. ¿Qué material es necesario para la deambulación con bastón?

El material necesario es:

- Bastón
- Calzado antideslizante, que se encuentre bien ajustado al pie.

10. ¿Para qué se usa la grúa de bipedestación eléctrica?

Se usa para la elevación y el traslado del usuario, partiendo desde la posición de sedestación.

Esta grúa se utiliza mucho para acompañar al usuario al cuarto de baño y permite realizar el cambio de pañales, aportando seguridad.

Ejercicios de autoevaluación
Unidad de Aprendizaje 4

1. Ante una emergencia, ¿cuál es el protocolo de actuación que hay que seguir?

El protocolo de actuación es el siguiente:

- Se debe actuar con rapidez, pero de una manera tranquila para no alterar al usuario. Es muy importante que el lesionado se encuentre tranquilo.
- Es muy importante evitar que se produzca una aglomeración de gente que podría empeorar el estado del usuario, a la vez que podrían dificultar la atención al mismo.
- No se le debe mover, sobre todo si ha sufrido traumatismos, a no ser que sea totalmente necesario.
- Se llamará a los servicios de emergencia lo antes posible.
- Se mantendrá al usuario caliente, sobre todo si ha perdido sangre.
- Se debe evitar hacer el traslado del herido en coche.
- Jamás se le administrará medicación al usuario, ni se le dará nada de comer y beber.

2. Explica la cadena de supervivencia.

La cadena de supervivencia consiste en:

- Una identificación de la situación y la petición de ayuda a los servicios sanitarios.
- Realización de la reanimación cardiopulmonar (RCP) si fuera necesaria, que se realizaría de manera muy rápida.
- Se realizará, si fuera necesario, la desfibrilación cardiopulmonar.
- La RCP avanzada siempre se realizará por personal especializado. Esta tiene como objetivo mantener las constantes vitales.

3. Ante una intoxicación, ¿qué actuación general hay que llevar a cabo?

1. Intentar identificar el tóxico mediante:

   · Identificar la vía de entrada del tóxico.
   · Saber la cantidad de tóxico que ha estado en contacto con la persona.
   · Informarse del tiempo trascurrido desde que el tóxico se puso en contacto con el organismo.

2. Llamar al Instituto Nacional de Toxicología 915620420.
3. Neutralizar el tóxico, dependiendo del tipo de sustancia.
4. Controlar las constantes vitales, para reaccionar con prontitud si la persona intoxicada entra en parada cardiorrespiratoria.
5. Se debe revisar el lugar para averiguar lo sucedido y evitar mayores riesgos. Si ha sido una intoxicación alimenticia, localizar el recipiente que contenía la comida para poder llevarlo a analizar.
6. Si la intoxicación es por inhalación, alejar a la víctima de la fuente del tóxico.
7. Si la persona está consciente, intentar conseguir más información.
8. Si vomita, intentar coger una muestra para que sea analizada.
9. Se debe colocar a la persona en posición lateral de seguridad, con la cabeza hacia un lado para evitar que si vuelve a vomitar este pase a las vías respiratorias.
10. Si cuando el tóxico se ha localizado está indicado provocar el vómito, hay que hacerlo introduciendo un dedo en la boca del intoxicado hasta tocar la úvula, que provocará el reflejo del vómito.
11. A nivel hospitalario, si ha sido identificado el tóxico, lo que se intenta es disminuir sus efectos, eliminarlo o prevenir las lesiones, si aún no ha comenzado su acción.

4. ¿Qué son las picaduras?

Son heridas pequeñas y penetrantes ocasionadas por insectos, arañas, garrapatas, escorpiones, etc.

5. Explica el procedimiento general ante una congelación.

El procedimiento a seguir es el siguiente:

- Poner al accidentado a cubierto.
- Darle de beber, siempre y cuando esté consciente. Se le administrarán líquidos azucarados y calientes.
- Si la lesión es de primer grado, se le dará al usuario un baño local de agua tibia y se le aplicarán ficciones suaves sobre la zona.

6. ¿Cuáles son los motivos más comunes para que se produzca una obstrucción?

Los motivos más comunes por los que se produce una obstrucción son:

- Caída de la lengua hacia atrás, a consecuencia de una pérdida del conocimiento.
- Parada cardiorrespiratoria.
- Obstrucción por cuerpos extraños como alimentos, dentadura, vómitos, etc.

7. Indica cuáles son las principales funciones del vendaje.

- Sujetar apósitos, en cuyo caso se utiliza para sostener una gasa sobre una herida, para protegerla de la acción de los agentes nocivos.
- Inmovilizar una zona lesionada para limitar el movimiento en la zona afectada o reforzar los dispositivos de inmovilización, como son las férulas o escayolas.
- Ejercer presión sobre la zona. Esto se realiza con los llamados vendajes compresivos, que se utilizan para detener una hemorragia o para tratar la extravasación de líquidos, para disminuir la inflamación producida en la zona.
- Proporcionar sujeción a alguna parte del cuerpo que esté más debilitada.
- Facilitar el retorno venoso en personas con problemas circulatorios.
- Mantener y aumentar la temperatura de alguna parte del cuerpo.
- Proporcionar forma a alguna zona, como en el caso de los muñones.

- Proteger las prominencias óseas.
- Prevenir las úlceras por decúbito cuando el paciente sufre un encajamiento prolongado.

8. ¿Cuáles son los elementos esenciales de un botiquín?

Los elementos esenciales para un botiquín son:

- Antisépticos.
- Medicamentos.
- Material de cura.
- Material adicional.

9. ¿Qué es un botiquín?

El botiquín de primeros auxilios es un recurso muy importante, ya que en él se encuentran los elementos indispensables para prestar una atención satisfactoria a las víctimas de un accidente o enfermedad repentina y que en muchos casos pueden ser decisivos para salvar sus vidas.

10. ¿Cuál es el objetivo de los antisépticos?

El objetivo de los antisépticos es prevenir la infección de una herida.

Ejercicios de autoevaluación
Unidad de Aprendizaje 5

1. Define el concepto de desinfección.

La desinfección se define como el procedimiento que elimina o es capaz de neutralizar los microorganismos que son capaces de producir enfermedades, esto es, el procedimiento de eliminación de microorganismos en el material clínico, el suelo y en las superficies.

2. Explica las normas generales para la desinfección.

- Se comprobará que la zona donde se va a realizar la técnica esté aireada y que disponga de vertedero y pilas de lavado.
- Se preparará el material de caso.
- Es muy importante comprobar la fecha de caducidad del producto.
- Los desinfectantes no se podrán utilizar sin guantes.
- El material se limpiará inmediatamente después de haber sido utilizado.
- Se preparará el desinfectante en la concentración indicada y se mantendrá sumergido el tiempo que indique las instrucciones del fabricante.
- Una vez que se ha finalizado, se aclarará el material con abundante agua.
- Por último, se secará el material y se guardará.

3. Define el concepto de esterilización.

La esterilización es el procedimiento que se lleva a cabo para la eliminación de los microorganismos patógenos. Los métodos que se utilicen deben ser de total fiabilidad para poder destruir cualquier vida.

4. Describe las maneras de conseguir la esterilización.

La esterilización se puede conseguir de tres maneras diferentes:

- Destruyendo el microorganismo completamente.
- Por muerte o inactivación del mismos, ya que el microorganismo pierde su capacidad de actuación.

- Por eliminación del microorganismo, ya que se aparta del medio en el que se encuentra.

5. Explica las normas para manipular el material estéril.

- Se debe comprobar que el lugar donde se va a realizar el procedimiento esté aireado y contiene pilas para lavar.
- Si el material ha sido esterilizado por un método de calor, se dejará enfriar.
- Antes de manipular el material estéril, el cuidador se lavará las manos.
- Se utilizarán guantes.
- Una vez que este ha sido empaquetado:

  · Se comprobará la integridad del envoltorio.
  · Se mirará que está debidamente identificado, y que tiene puesta la fecha de esterilización.
  · Se mirará que los controles de esterilización estén correctos, por medio de unas tiras reactivas que cambian de color cuando se alcanza una temperatura determinada.

6. ¿Qué son los métodos químicos?

Son aquellos que se caracterizan por la utilización de gases y vapores que se usan para esterilizar aquel material que no soporta el calor.

7. ¿Qué se entiende por infección nosocomial?

Es aquella que el usuario adquiere en el momento de ingreso en el centro.

8. ¿Qué tipo de residuos son los sanitarios asimilables a urbanos?

Son los que se producen como consecuencia de la actividad asistencial. Suelen ser derivados de la realización de curas como gasa, vendajes, sistemas de suero, etc.

9. Explica el tratamiento y la eliminación de los residuos.

- Se debe hacer una buena prevención infecciosa.
- Se intentará, en todo momento, no perjudicar el medio ambiente.
- Se garantizará la seguridad de la eliminación de los residuos.
- Se realizará un control por parte de la Administración.
- Se clasificarán según su composición.
- Se cumplirán todas las exigencias legales establecidas.

10. Explica las medidas que se deben tomar frente a contaminantes químicos.

- No se utilizarán soluciones que sean antiguas para realizar la desinfección del material.
- No se mezclarán desinfectantes, ni se añadirán detergentes si no se conocen sus características.
- Se deben seguir las recomendaciones higiénicas y de protección preestablecidas por el fabricante.
- Siempre se utilizarán recipientes limpios y secos.
- No se almacenará material sucio, siempre se limpiará lo antes posible, teniendo presente que en primer lugar hay que retirar la materia orgánica.
- Una vez que se ha realizado la limpieza, se debe desechar la solución, y si esta fuera duradera, se dejará muy bien guardada para evitar que se evapore.
- Cuando se realiza el proceso de esterilización es recomendable reducir el óxido de etileno.
- El equipo de esterilización se debe revisar de manera periódica.

Solucionario de

actividades

Actividad 1

Jorge es un paciente de 67 años, que está ingresado por una intervención de próstata. Debe permanecer con una sonda vesical las próximas 3 semanas siguientes a la intervención, guardando a su vez reposo. El médico tras 48 horas recomienda al paciente levantarse para realizar su aseo personal y pasear un poco.

Identifica la información que le facilitaremos al paciente para orientar, instruir y favorecer su autonomía en la movilización, deambulación y uso de ayudas técnicas.

a. Le informaremos que no debe realizar esfuerzos por riesgo a que se abra la herida quirúrgica.

b. Le explicaremos sobre los cuidados que debe aplicar el sondaje vesical, tanto a él como a la persona que lo acompañe o lo cuide.

c. Le aconsejaremos realizar ejercicio como salir a correr o bicicleta pasada una semana de la intervención.

d. Le comunicaremos la importancia de vaciar la bolsa de orina cuando esta se encuentre llena hasta 3/4.

e. Le aconsejaremos hacer uso de ayudas técnicas para poder pasear, como muleta o andador hasta que recupere toda la fuerza en las piernas, probablemente perdida tras haber estado encamado esas 48 horas. Con esto evitaremos caídas y el paciente no hará esfuerzos, permitiendo que la herida quirúrgica cierre antes.

f. Le apresuraremos a levantarse rápidamente para cambiar la ropa de cama.

g. Aconsejaremos el uso de esterillas antideslizantes y barras asideras en la ducha.

h. Cuando vaya a levantarse de la cama, levantaremos el cabecero y le pediremos que se incorpore y permanezca unos minutos sentado en el borde de la misma, para evitar hipotensión.

i. Es aconsejable que vaya acompañado de un profesional o cuidador al baño y a pasear.

Solución

Con el objetivo de favorecer su autonomía el profesional sanitario le facilitará al paciente la siguiente información:

- Se le informará de que no debe realizar esfuerzos por riesgo a que se abra la herida quirúrgica.
- Se explicarán los cuidados que debe aplicar al sondaje vesical, tanto a él como a la persona que lo acompañe o lo cuide.
- Se le comunicará la importancia de vaciar la bolsa de orina cuando esta se encuentre llena hasta aproximadamente tres cuartos de su capacidad.
- Se le aconsejará hacer uso de ayudas técnicas para poder pasear hasta que recupere la fuerza en las piernas, perdida probablemente como consecuencia de haber estado encamado durante esas 48 horas.
- Se le recomendará el uso de esterillas antideslizantes y barras asideras en la ducha.
- Por último, cuando vaya a levantarse de la cama, se le levantará el cabecero y se le pedirá que se incorpore y permanezca durante unos minutos sentado en el borde de la misma para evitar hipotensión.

Actividad 2

En la planta de digestivo, Javier va a comenzar a aplicar los tratamientos en el turno de mañana a los pacientes que se encuentran ingresados.

Del siguiente grupo, especifica las medidas higiénico-sanitarias que hay que tener en cuenta durante la realización de las distintas técnicas.

a. La medicación oral se administrará según vea conveniente, si el paciente dice que no le apetece tomársela, no se le dará.

b. Para administrar una pomada debemos descubrir la zona, lavarla muy bien con suero fisiológico y secarla.

c. Al administrar un medicamento por vía nasal, pediremos al paciente que respire por la boca y la cánula del cuentagotas no debe rozar las paredes internas de la nariz.

d. La posición más adecuada para aplicar un fármaco por vía rectal será en decúbito supino.

e. Cuando administre un fármaco por vía oftálmica, dejaremos que el cuentagotas toque la córnea y así asegurarnos de que la solución entra adecuadamente en el ojo.

f. La vía sublingual es un tipo de administración oral.

g. En la vía ótica se tirará suavemente del pabellón auricular hacia atrás y hacia arriba, si es un adulto. Si el paciente es un niño, se tirará hacia atrás y hacia abajo, para así poder enderezar el conducto auditivo.

h. Se debe usar guantes para administrar fármacos por vía rectal.

i. No existe ninguna regla para comprobar que estemos administrando la medicación correctamente.

j. Los cinco correctos son: paciente correcto, fármaco correcto, dosis correcta, hora correcta y vía correcta.

Solución

En base a la situación descrita, el profesional sanitario deberá tener en cuenta las siguientes medidas higiénico-sanitarias:

- Para administrar una pomada deberá descubrir la zona, lavarla muy bien con suero fisiológico y, a continuación, secarla.
- Al administrar un medicamento por vía nasal, le pedirá al paciente que respire por la boca, teniendo en cuenta además que la cánula del cuentagotas no debe rozar las paredes internas de la nariz.
- En la vía ótica deberá tirar suavemente del pabellón auricular hacia atrás y hacia arriba, en caso de que se trate de un adulto. Si el paciente es un niño, se tirará hacia atrás y hacia abajo para así poder enderezar el conducto auditivo.
- Deberá hacer uso de guantes para administrar fármacos por vía rectal.

Solucionario 5

Animación social de personas dependientes en instituciones

Ejercicios de autoevaluación
Unidad de Aprendizaje 1

1. Se considera período de adaptación…

    a. … al tiempo que transcurre desde que el usuario ingresa en la institución hasta que se integra en ella.

    b. … al tiempo que transcurre desde que el usuario sabe que va a ingresar en una residencia o institución hasta que se integra plenamente en ella.

    c. … al tiempo que transcurre desde que el usuario sabe que va a ingresar en una institución hasta que ingresa realmente en ella.

    d. Todas las opciones son incorrectas.

2. Cuando una persona deja su hogar para ingresar en una institución, se ve sometida a una serie de cambios, ¿cuáles son estos cambios?

- Pérdida de autonomía.
- Pérdida de familiaridad.
- Pérdidas relacionales.
- Afección cognitiva.

3. A la hora de emitir una conducta, nos encontramos con dos polos opuestos. Indica cuáles son.

- Conductas que favorecen la resolución de conflictos de forma pacífica.
- Conductas que entorpecen la resolución de conflictos.

4. Ante la siguiente situación, señala qué tipo de comportamiento se produce y por qué.

Situación: "Sospecha que un amigo ha cogido prestado uno de sus libros sin pedírselo antes".

- Ud.: Perdona, Sara, ¿has cogido mi libro de matemáticas? No lo encuentro por ninguna parte.
- Amiga: ¡OH, sí! Espero que no te moleste, lo necesitaba para hacer un problema.

- Ud.: De acuerdo, está bien que lo cojas prestado, pero, por favor, pídemelo antes. Así no creeré que lo he perdido.
- Amiga: De acuerdo, es que tenía prisa.

Esta es una buena respuesta asertiva porque:

- Evita que su amiga se enfade.
- Probablemente, le devolverá el libro.
- Esto evitará que vuelva a repetirse el mismo tipo de problema porque ahora su amiga sabe que quiere que pida el libro antes de cogerlo.

5. Cuando hablamos de empatía, nos referimos a:

a. **Capacidad de recibir y comprender las vivencias de otras personas, especialmente los estados de ánimo.**
b. Habilidad para captar adecuadamente y en su totalidad el mensaje de la otra persona.
c. Habilidad personal que nos permite expresar nuestros sentimientos, deseos, opiniones y pensamientos.
d. Las opciones b y c son correctas.

6. Señala si las siguientes opciones son verdaderas o falsas.

a. Es imprescindible cambiar continuamente el ambiente, porque así estimulamos a las personas dependientes.

- ■ Verdadero
- ■ **Falso**

b. El orden y la rutina en las actividades y sucesos de la vida diaria contribuyen a que las personas mayores o dependientes se sientan más seguras y se desenvuelvan con más independencia en su entorno habitual.

- ■ **Verdadero**
- ■ Falso

c. No es necesario ventilar todos los días las estancias. Así evitaremos que entre frío y haya variaciones en la temperatura.

- ■ Verdadero
- ■ **Falso**

7. Indica las razones por las que es útil la adaptación al entorno.

- Para prevenir situaciones peligrosas.
- Para aumentar la calidad de vida de las personas.
- Para evitar comportamientos problemáticos.
- Por beneficios psicológicos.

8. ¿Dónde deben colocarse los interruptores de luz?

- Al principio y al final de unas escaleras.
- En la cabecera de la cama.
- Al principio y al final de un pasillo.

9. Dentro de la pirámide de Maslow, ¿en qué lugar aparecen las necesidades de autorrealización?

a. En la base de la pirámide.
b. En la cima de la pirámide.
c. En la zona intermedia de la pirámide.
d. Todas las opciones son correctas.

10. Indica cuál es el objetivo principal del aprendizaje por refuerzo.

El objetivo del aprendizaje por refuerzo es usar el premio-castigo para aprender un comportamiento, el cual permitirá tomar decisiones en el futuro.

Ejercicios de autoevaluación
Unidad de Aprendizaje 2

1. Cuando hablamos de apego, ¿a qué nos referimos?

Es el lazo emocional que desarrolla el bebé con sus padres o cuidadores y que le proporciona la seguridad emocional indispensable para el desarrollo de sus habilidades psicológicas y sociales.

2. Completa la siguiente oración.

El climaterio es un fenómeno que ocurre durante la etapa de **adultez** y se caracteriza por numerosos cambios fisiológicos y hormonales. El climaterio femenino se denomina **menopausia,** mientras que el masculino se conoce como **andropausia.**

3. Señala si las siguientes oraciones son verdaderas o falsas.

   a. La sensación es la interpretación secundaria de las percepciones en base a la experiencia y recuerdos previos.

   - Verdadero
   - **Falso**

   b. Las ilusiones perceptivas engañan a nuestros sentidos y hacen que no podamos percibir adecuadamente la realidad.

   - **Verdadero**
   - Falso

4. ¿Cuáles son las tres dimensiones del lenguaje?

   - La forma.
   - El contenido.
   - El uso.

5. ¿Qué teorías pertenecen al grupo de las teorías del índice variable?

- Teoría de desgaste natural.
- Teoría del radical libre.
- Teoría del índice de vida.
- Teoría autoinmune.

6. ¿Cuál es la principal causa de muerte de las personas mayores?

a. La enfermedad pulmonar
b. La enfermedad cardiovascular
c. La enfermedad gástrica
d. Todas las opciones son correctas.

7. ¿Qué significa tener calidad de vida?

Tener calidad de vida significa vivir con las necesidades básicas cubiertas, además de disfrutar de una buena salud física, psíquica y de una relación social satisfactoria.

8. La mayor parte de las discapacidades suceden en torno a cuatro grandes grupos de riesgo, ¿cuáles son?

- Problemas perinatales.
- Riesgo socioambiental.
- Accidentes.
- Enfermedades crónicas.

9. ¿Qué significa CIF?

a. Clasificación Internacional de la Discapacidad
b. Clasificación Internacional del Funcionamiento, de la Discapacidad y de la Salud
c. Clasificación Internacional del Funcionamiento
d. Todas las opciones son incorrectas.

10. ¿En qué está basada la autodeterminación de las personas con discapacidad?

- Libertad
- Autoridad
- Autonomía
- Responsabilidad

Ejercicios de autoevaluación
Unidad de Aprendizaje 3

1. El acompañamiento social hace referencia a…

    a. … la relación que se establece entre el profesional y la persona dependiente, con el objetivo de mantenerla vinculada con su entorno social, potenciando al máximo su autonomía.

    b. … la reunión de la persona dependiente con su grupo de amistades para realizar, semanalmente, actividades conjuntas.

    c. … la compañía que tiene la persona dependiente.

    d. Todas las opciones son incorrectas.

2. Completa el siguiente párrafo.

Muchas personas dependientes institucionalizadas presentan una reducción de su **autonomía.** Dejan de realizar funciones que realmente sí pueden realizar por ellos **mismos,** como por ejemplo el aseo, que pasan a ser realizadas por el personal del centro, de modo que las capacidades de las personas dependientes se van **mermando.**

3. ¿Cuáles son las áreas de intervención en el acompañamiento de las personas dependientes?

- Funcional
- Educativa
- Psicoemocional
- Relaciones sociales
- Comunicación

4. ¿En qué se centra la intervención en el área funcional del dependiente?

La intervención en este caso se centra en todo lo referente a las actividades básicas de la vida diaria. Se deberá analizar qué funcionalidad mantiene la persona para la realización de estas actividades y en qué aspectos necesita ayuda.

5. ¿Cuáles son las funciones que desarrollará el profesional en el acompañamiento?

- Función educativa
- Función rehabilitadora
- Función socializadora
- Función de apoyo
- Función de motivación
- Función de supervisión

6. Señala si las siguientes oraciones son verdaderas o falsas.

a. La implicación de las personas dependientes en las actividades del centro ayudan a que se mantengan activas.

- ■ **Verdadero**
- ■ Falso

b. Es importante cubrir todos los huecos en las horas del día de las personas residentes, si no pueden aburrirse.

- ■ Verdadero
- ■ **Falso**

c. La participación en las actividades propuestas por la residencia será obligatoria para las personas usuarias.

- ■ Verdadero
- ■ **Falso**

7. ¿Cuál es el objetivo de las actividades de ocio?

Evitar el aislamiento que se produce como consecuencia de los sentimientos de impotencia, dependencia, frustración o depresión que a algunas personas les provoca el ingreso en una institución.

8. ¿Cuáles son los elementos que componen el proceso de comunicación?

- Emisor
- Mensaje
- Receptor

- Código
- Canal
- Contexto

9. ¿Qué son las dinámicas de grupo?

Se trata de técnicas básicas de comunicación que permiten el intercambio de ideas y el afianzamiento de las relaciones interpersonales a partir de una estructura determinada por el tipo de dinámica. Son situaciones, o momentos de la vida del grupo, en las que se plantea estructuradamente una tarea a realizar con unos recursos concretos y dentro de unos límites preestablecidos.

Mantenimiento y mejora de las actividades diarias de personas dependientes en instituciones

Ejercicios de autoevaluación
Unidad de Aprendizaje 1

1. ¿Qué memoria es la que utilizamos cuando queremos retener un número de teléfono?

La memoria a corto plazo.

2. La memoria procedimental...

    a. ... implica habilidades aprendidas con la práctica.
    b. ... tiene que ver con las palabras, el lenguaje, los hechos y sus significados.
    c. ... almacena hechos concretos y experiencias personales.
    d. Todas las opciones son incorrectas.

3. ¿En qué consiste la técnica de categorización?

    a. Unir objetos por características semánticas, acústicas y proximidad, de tal manera que el recuerdo de uno evoca el siguiente.
    b. Organizar la información agrupándola en base a sus características comunes. Proporcionando uno de los miembros o el nombre de la categoría, se recuerdan con facilidad los demás.
    c. Clasificar diferentes objetos y palabras en función de un criterio escogido o características comunes.
    d. Todas las opciones son correctas.

4. Para el entrenamiento de la atención de los residentes, ¿qué técnica se utiliza?

Atención voluntaria.

5. Determina si las siguientes oraciones son verdaderas o falsas:

a. La orientación personal hace referencia a la ubicación del cuerpo en relación con las otras personas, objetos que nos rodean, ambiente próximo y espacio de nuestro entorno.

- z Verdadero
- z **Falso**

b. Para grupos de orientación a la realidad se recomienda el trabajo en grupos de 3 a 8 personas, según el nivel de capacidades cognitivas, comunicacionales, funcionales y sensoriales.

- z **Verdadero**
- z Falso

6. ¿Qué técnica consiste en ordenar una serie de elementos según una categoría siguiendo una secuenciación específica?

Seriación.

7. El uso de fotografías, objetos de la vida diaria, periódicos u otros elementos familiares del pasado, ¿en qué terapia se utilizan?

a. Orientación a la realidad
b. Musicoterapia
c. **Reminiscencia**
d. Programa de psicoestimulación integral

8. Si vamos al supermercado y preparamos una lista donde separemos por categorías los productos que vamos a comprar, ¿qué estrategia estamos utilizando?

a. Asociación
b. **Agrupación**
c. Repetición
d. Visualización

9. Señala la opción incorrecta.

    a. La intervención psicomotriz se dirige exclusivamente a personas dependientes.

    b. La intervención psicomotriz se dirige tanto a sujetos sanos como a quienes padecen cualquier tipo de trastorno, limitación o discapacidad.

    c. La intervención psicomotriz tiene aplicación preventiva, educativa y terapéutica.

    d. Los ejercicios de coordinación motora grupales y en ambientes relajados son terapias que integran una rehabilitación global.

10. En psicomotricidad, si hablamos de la manipulación adecuada de los objetos para asegurar el control de los movimientos en función de la distancia, la trayectoria, la velocidad, la fuerza y las características del objeto, ¿qué área estamos trabajando?

    a. Esquema corporal

    b. Lateralidad

    c. Coordinación perceptivo-motriz

    d. Control respiratorio

Ejercicios de autoevaluación
Unidad de Aprendizaje 2

1. Relaciona las siguientes alternativas con su fase correspondiente.

a. Explorar alternativas
b. Obtener un objetivo
c. Comprender el problema
d. Ejecutar un plan de acción

a,b. Protocolo de intervención en la solución de problemas ajenos
c,d. Fases de la resolución de problemas

2. Con respecto a las redes sociales de estos pacientes, ¿qué problemas se pueden producir?

- Sobreprotección
- Falta de respeto

3. ¿Cuáles son algunas de las técnicas más importantes para una comunicación eficaz?

- Escucha activa
- Empatía
- Asertividad

4. La escucha activa es...

a. ... la habilidad de escuchar no solo lo que la persona está expresando directamente, sino también los sentimientos, ideas o pensamientos que subyacen a lo que se está diciendo.
b. ... la capacidad de entender los pensamientos y emociones ajenas, de ponerse en el lugar de los demás y compartir sus sentimientos.
c. ... la habilidad de expresar los deseos de una manera amable, franca, abierta, directa y adecuada, logrando decir lo que se quiere sin atentar contra los demás.
d. Todas las opciones son incorrectas.

5. Si decimos "Lo que yo quiero decir es que..." y se retoma el diálogo en el punto en que se es interrumpido, o repitiéndolo desde el principio, ¿qué técnica asertiva estamos utilizando?

    a. Técnica del banco de niebla
    b. Técnica del disco rayado
    c. Técnica del acuerdo asertivo
    d. Pregunta asertiva

6. ¿Cómo se denomina aquello que hace aumentar la frecuencia de una conducta?

    a. Refuerzo
    b. Consecuencia
    c. Incentivo
    d. Las opciones a y b son correctas.

7. **Completa la siguiente oración:**

El trabajo en grupo que se lleva a cabo en una institución promueve la participación **activa** de la persona dependiente y proporciona beneficios personales, **sociales** y afectivos, gracias a la interacción con otras **personas**.

8. **Por su estructura, organización e interacción existen varios tipos de grupos, ¿cuáles son?**

    ■ Grupos primarios
    ■ Grupos secundarios
    ■ Conglomerados

9. **Determina si las siguientes opciones son verdaderas o falsas.**

    a. Las dinámicas de grupo tienen como finalidad crear y consolidar las relaciones grupales y los aspectos individuales de los miembros del centro.

        z **Verdadero**
        z Falso

b. La experiencia del dinamizador no influye en el éxito de la dinámica de grupo, pues basta con seguir las instrucciones de la misma para que se desarrolle adecuadamente.

    z   Verdadero
    z   **Falso**

10. ¿Qué se entiende por observación?

La observación es una técnica que consiste en examinar atentamente el fenómeno, hecho o caso, tomar información y registrarla para su posterior análisis.

Técnicas de comunicación con personas dependientes en instituciones

Ejercicios de autoevaluación
Unidad de Aprendizaje 1

1. Señala cuáles son los elementos comunicativos de la siguiente frase: "Marina le hace a Sara la siguiente pregunta: ¿Me dejas un bolígrafo rojo?".

   - Emisor: Marina
   - Mensaje: ¿Me dejas un bolígrafo rojo?
   - Receptor: Sara
   - Código: La Lengua Española
   - Canal: El aire

2. Lee los siguientes ejemplos y señala de qué función del lenguaje se trata.

   a. ¡Qué sed tengo!
   b. "Tú" lleva tilde, por ser un pronombre.
   c. Ayer lo pasé genial en la fiesta, ¿sabes?

   b. Metalingüística
   a. Emotiva o expresiva
   c. Fática

3. Completa la siguiente oración.

   Existen tres ámbitos de estudio de la comunicación **no verbal**, que son: kinesia, **paralingüística** y proxémica.

4. Indica la clasificación de las barreras debidas al entorno.

   - Medioambiente
   - Características físicas del espacio.
   - Causas debidas a la organización de la actividad

5. ¿En qué consiste la asertividad?

Expresar sentimientos, deseos, opiniones y pensamientos en el momento oportuno, de la forma adecuada y sin negar ni desconsiderar los derechos de los demás.

6. Para practicar la empatía, es aconsejable (señala la opción incorrecta):

    a. Quitar importancia a lo que cuenta el interlocutor, respondiendo con: "Ánimo, no te preocupes".
    b. Escuchar atentamente.
    c. Mostrar interés por el mensaje.
    d. Ser tolerante y respetuoso.

7. Una persona con las siguientes expresiones: "Harías mejor en..."; "Si no tienes cuidado..."; "Deberías", ¿qué tipo de conducta verbal está mostrando?

    a. Agresiva
    b. Asertiva
    c. No asertiva
    d. Empatía

8. ¿Qué expresiones de los mensajes corporales no verbales comprende la kinesia?

- La postura corporal
- Los gestos
- La expresión facial
- La mirada
- La sonrisa

9. **A la hora de comunicarse con personas dependientes en la institución, ¿qué se aconseja?**

- Fomentar la independencia
- Conocer sus necesidades
- Conocer las capacidades que tiene la persona dependiente
- Favorecer la comunicación, respetando los ritmos
- Reforzar su autoestima, haciéndole sentir importante
- Ser positivo
- Brindarles apoyo

10. **Determina si la siguiente oración es verdadera o falsa: "La comunicación con los familiares y el entorno del usuario tiene como principal y único objetivo mantener informados a los familiares en todo lo relacionado con el usuario".**

- ■ Verdadero
- ■ **Falso**

Ejercicios de autoevaluación
Unidad de Aprendizaje 2

1. En una persona con afasia, ¿qué condiciones deben darse?

- Tener adquirido el lenguaje oral.
- Tener lesión en las áreas del lenguaje.
- Mostrar alteración del lenguaje en la expresión o en la recepción.

2. ¿Cómo se denomina el trastorno adquirido del lenguaje o desaparición de un lenguaje ya existente, sin que haya lesión cerebral?

a. **Mutismo**
b. Disfasia
c. Tartamudez
d. Afasia

3. Las personas mayores, aunque su vocabulario es más rico, presentan dificultades en su capacidad productiva. ¿En qué tareas se manifiesta esto?

- Encontrar la palabra adecuada para nombrar objetos o acciones, en tareas de denominación.
- Decir nombres a partir de una categoría dada.
- Encontrar la palabra exacta ante una definición

4. Determina si la siguiente oración es verdadera o falsa: "Si una persona sorda va acompañada de un intérprete en lengua de signos, debemos dirigirnos al intérprete, ya que la persona sorda no nos entiende".

- Verdadero
- **Falso**

5. Completa la siguiente oración.

Los sistemas alternativos y aumentativos de comunicación tienen por objeto **sustituir** o aumentar el habla de personas con dificultades de comunicación **verbal** y/o auditiva.

6. ¿Qué es la Palabra Complementada?

Es un sistema que hace posible percibir el habla a través de la vista, mediante el uso simultáneo de la lectura labial y una serie limitada de complementos manuales.

7. En el sistema Bliss, los gráficos se agrupan en categorías, que se identifican por colores. Asocia cada categoría con su color correspondiente:

       a. Nombres
       b. Personas
       c. Verbos
       d. Adjetivos
       e. Sociales

       c. Verde
       e. Rosa
       b. Amarillo
       a. Naranja
       d. Azul

8. Para determinar si el sistema SPC es oportuno para un sujeto en concreto, hay que valorar si dicho sujeto presenta unas mínimas características. Indica cuáles serían estas características.

- Deberá tener un mínimo de necesidades de comunicación.
- Dispondrá de buena agudeza visual y perceptiva.
- Manifestará unas mínimas habilidades cognitivas.

9. ¿Qué son los pulsadores?

    a. Son instrumentos que, conectados al comunicador, ordenador o ratón, permiten activar programas de barrido, mediante la acción de cualquier parte del cuerpo en la que exista un control voluntario del movimiento.

    b. Son instrumentos que emiten sonidos.

    c. Son programas informáticos que muestran un teclado en la pantalla del ordenador y que permiten acceder a cualquier aplicación informática sin necesidad de utilizar el teclado estándar.

    d. Todas las opciones son incorrectas.

10. En la enfermedad de Alzheimer, la agnosia o pérdida de la capacidad de reconocimiento, tiene lugar...

    a. ... en el estadio I.

    b. ... en el estadio II.

    c. ... en el estadio III.

    d. ... en el estadio IV.